唐代の道教と天師道

唐代の道教と天師道

小林正美著

知泉書館

目次

前言 …… 3
第一章　唐代の道教教団と天師道 —— 13
一　はじめに　14
二　唐代の道士の位階制度　14
（1）道士の位階制度と上清経籙の伝授に関する従来の誤解　14
（2）道士の法位と天師道の位階制度　25
（3）道士給田制と天師道の位階制度　29
三　「道家」・「道教」・「黄巾」と天師道　35
（1）「道家」と天師道　35
（2）「道教」と天師道　43
（3）「黄巾」と天師道　50
四　道教の教団組織　51
五　むすび　56

第二章　天師道における受法のカリキュラムと道士の位階制度――65
一　はじめに　66
二　梁代初期の天師道の道士の受法のカリキュラム　67
三　天師道の受法のカリキュラムと三洞四輔説　75
四　梁代初期の天師道における三洞の経法の伝授　81
五　南斉・梁初の天師道の道士の法位　87
六　梁代末期の天師道の受法のカリキュラムと道士の法位　90
七　唐朝・北宋初期の天師道の受法のカリキュラムと道士の法位　100
八　むすび　123

第三章　経籙の伝授における三師説と上清経籙伝授の系譜の形成――133
一　はじめに　134
二　経籙の伝授儀における三師（度師・籍師・経師）の観念　135
三　『洞玄霊宝三師記』における上清大法の伝授の系譜　144
四　李渤の真系の意味　152
五　陳子昂の潘師正碑　160

六　むすび　164
第四章　『昇玄経』の編纂と昇玄法師　169
一　はじめに　170
二　『昇玄経』の成立年代　171
三　『昇玄経』の編纂者と天師道　185
四　『昇玄経』に見える道仏二教の調和論　192
五　『昇玄経』の伝授と昇玄法師　195
六　むすび　198
結　語　207
あとがき　214
索　引　12〜28
英文梗概　5
英文目次　2

目　次

唐代の道教と天師道

前言

一　唐代には道教という宗教は「道教」あるいは「老教」という名称で呼ばれていた。皇帝の勅令や史書等でも多くは「道教」あるいは「老教」の語をもって道教を表示している。高祖（在位六一六—六二六）の「禁行刑屠殺詔」では「道教は沖虚にして、至徳は其の残殺を去る[1]」とあり、高宗（在位六四九—六八三）の「停勅僧道犯罪同俗法推勘勅」には「道教は清虚なり、釈典は微妙なり[2]」とあり、『旧唐書』巻六の則天武后（在位六八四—七〇五）の天授二年四月の條には「夏四月、釈教は道教の上に在らしむ、僧尼は道士の前に処らしむ」とあり、玄宗（在位七一二—七五六）の「令僧尼無拝父母詔」でも「道教・釈教、其の来るや一体なり[3]」とあって、いずれの詔勅においても「道教」という用語で道教を表示している。あるいは仏教側の史料でも道宣（五九六—六六七）『集古今仏道論衡』巻丙に「〔玄〕奘曰く、仏教と道教とは、理致は天乖《おおちがい》なり。安《いず》くんぞ仏理を用いて道義を通用せんや[4]」とあり、同じく「道教」という用語で道教を表示している。また中宗（在位六八三—七一〇）の「答大恒道観主桓道彦等表勅」には「豈に老教を忘れて、偏に釈宗を意《おも》わんや[5]」とあって、「老教」という用語で道教を表示している。道宣『集古今仏道論衡』巻丁にある「李榮奏して云う、老釈二教、並びに是れ聖言なり(6)」には「老釈二教」とあるが、「老釈二教」とは「老教」と「釈教」のことであり、「老教」は道教を指している。

唐代には道教という宗教が「道教」や「老教」という用語で表記されていたということは、唐代の道教とはつまりは唐代に行われていた「道教」や「老教」である、ということを意味している。このことは改めて言うまでもないほど自明なことではあるが、ここで敢えてこのことを言うのは、道教という宗教について議論するときに、しばしばお互いに道教という宗教が何を指しているのかを明確にしないままに議論するために、議論が混乱するからである。「唐代の道教」という場合に、唐代に行われていた「道教」や「老教」を指すと規定しておけば、本書の表題でいう「唐代の道教」の範囲が明確になろう。

道教という宗教を表示する用語である「道教」は、「道の説いた教え」という意味であり、ここでの「道」は神格としての老子を指す。したがって「道教」とは「道(老子)の説いた教え」という意味であり、「老子の説いた教え」の意味の「老教」と同義語である。道教という宗教を表示する「道教」や「老教」という用語は、六朝の劉宋の中頃過ぎ(すなわち西暦五世紀の中頃過ぎ)の天師道の人々が、自分たちの信奉する宗教の名称として創案したものである。劉宋の中頃過ぎの天師道では葛氏道や上清派の経典であった三皇経や霊宝経や上清経等を摂取して自派の経典となし、それらを三洞説によって分類整理して三洞十二部の三十六部尊経という総称で包括していた。天師道では三十六部尊経はすべて神格である老子（すなわち大道）が説いた教えであると主張し、三十六部尊経に基づく老子（大道）の教えを「道教」や「老教」と呼んだ。したがって「道教」や「老教」という用語は、劉宋の天師道が唱えた「三十六部尊経に基づく老子（大道）の教え」を指す宗教名として創案されたものである。(7) 換言すれば、「道教」や「老教」とは、劉宋の天師道が唱えた「三十六部尊経に基づく老子（大道）の教え」を指すのである。

唐代の「道教」や「老教」は劉宋の天師道の唱えた「道教」や「老教」を継承していたので、唐代の道教は天師道の「道教」であった。本書では、唐代の道教が天師道の「道教」であることを明らかにしようとするのであるが、しかし「道教」や「老教」という用語の分析だけで、唐代の道教が天師道の「道教」であったと断定するのは性急過ぎるという批判もあろう。そこで本書では、「道教」や「老教」の用語法の分析に加えて、唐代の道教教団や道士の位階制度や受法のカリキュラムに目を向けて、その方面から、唐代の道教教団は天師道の道士と天師道の道士の居住する道観とによって構成されていたこと、また道観に居住する天師道の道士は独自の受法のカリキュラムとそのカリキュラムに基づく位階制度を備えていたことを解明し、それによって唐代の道教が天師道の「道教」であったことを明らかにしている。

先の引用文にも見られるように、唐代の皇帝の勅令や政令あるいは法律においては道教と仏教の事が併記して述べられることが多い。例えば、『大唐六典』巻四では「祠部郎中員外郎は、……道仏の事を掌る」とあって、祠部郎中員外郎が管理する宗教を「道仏」と表示している。「道仏」とは「道教」と「仏教」の略称である。そして巻四では初めに「道教」の事、次に「仏教」の事を、二度に分けてこの順番で述べている。唐代の勅令や政令や法律において道教と仏教が併記されるのは、道教と仏教は唐朝の帝室がその活動を承認した二大宗教であったからである。道教と仏教が唐の帝室からその活動の承認を得られたのは、道教と仏教がともに規律のある教団組織を備えた教団宗教であったからである。

道教と仏教の教団組織における基本的な共通点は、ともに信奉者が出家して道観や仏寺に居住する、出家制度を執っていることである。道教では道士は出家して道観に居住し、仏教では僧侶は出家して仏寺に居住していた。それゆえ政府の二教に対する管理は道観と仏寺を通じて行われた。政府の管理は規制と保護の二面において行われ、規制面では道観や仏寺の設置、道士や僧侶の出家には政府の許可が必要であった。他方、保護の面では道士や僧侶には経済的援助として給田が施行された。また徭役や租税が免除され、あるいは道士や僧尼の違法行為においても罰則に俗人とは異なる一定の保護が与えられた。

唐代の道教はこのように規律のある教団組織を備えた宗教であったから、教団組織の面から唐代の道教を考察することは道教研究にとって必要不可欠なことであるが、しかしこれまでの道教研究では教団組織の研究は軽視されて、ほとんど行われてこなかった。唐代の道士の位階制度でさえ充分な考察が行われることはなかった。天師道における受法のカリキュラムと道士の法位との関連については、まったくと言ってよいほど注目されることはなかったので、従来の道教研究では唐代の道士の位階制度を完全に誤解してしまっていたのである。その結果遂に、唐代の道士は全員が天師道の道士である、という正しい理解に達することができず、これまで非常に長い間、唐代の道教には上清派や霊宝派や太玄派や正一派等の教派（道流）が存在し、その中で上清派が唐代の道教の主流である、という間違った見解が存続してきたのである。

二　唐代の道教が天師道の「道教」であり、唐代の道教教団が天師道の道観と天師道の道士のみによって構成されていたのならば、当然唐代の道教には天師道以外のいかなる教派の道士も存在していなかったことになろう。ところが、従来の道教研究では、今述べたごとく、唐代の道教には上清派（茅山派ともいう）や霊宝派（洞玄派ともいう）や洞神派（三皇派ともいう）や高玄派（太玄派ともいう）や正一派（天師道ともいう）あるいは重玄派などの諸派が存在し、これらの諸派の中で上清派が主流であったと考えられている。近年、中国においてその改訂版が出版された卿希泰主編『中国道教史』(8)第二巻第三節には「唐代道教の主流派としての茅山宗（作為唐代道教主流派的茅山宗）」という題目を掲げている。また、同じく最近、改訂版が上梓された任継愈主編『中国道教史』(9)上巻・第二編第九章「唐代道教経戒伝授」では、唐代道教には正一派、洞神派、高玄派、昇玄派、霊宝派、上清派の各派が存在していて、この中で上清派の道士が最高位の道士であるように述べている。

日本でも吉岡義豊『永世への願い――道教』[10]では「唐代道教に指導的役割を果たしたのは、茅山上清派の道士たちである」と述べており、また窪徳忠『道教史』[11]でも唐代の道教界では上清派の力が大きかったと述べている。西欧の道教研究者も同様であり、イザベル・ロビネの"*Histoire du taoïsme*"[12]や"*Taoism : Growth of a Religion*"[13]でも王遠知や潘師正や司馬承禎や李含光等の著名な唐代の道士を上清派の道士と見ている。

ここで上清派の研究史を簡単にたどってみると、六朝隋唐における上清派の存在に注目して、それを学術的な見地から考察した、もっとも早い時期の研究は、宮川尚志の著書『六朝宗教史』[14]と論文「唐室の創業と茅山派道教」[15]と論文「茅山派道教の起源と性格」[16]である。宮川尚志のこの一連の著作が日本における上清派研究の始まりと言える。宮川尚志は一九四八年の『六朝宗教史』において初めて上清派の存在に触れ、次いで一九五〇年の論文「唐室の創業と茅山派道教」で唐朝と上清派との深い結びつきを論じ、更に一九五一年の論文「茅山派道教の起源と性格」において六朝東晋期の上清派についての詳細な考察を行った。これらの著作の中で、宮川尚志は六朝隋唐の上清派の存在を、元の劉大彬の『茅山志』と唐の李渤の『真系』(『雲笈七籤』巻五所収)と梁の陶弘景(四五六―五三六)の『真誥』に基づいて考察している。

宮川尚志の後、一九五三年には福井康順が論文「葛氏道の研究」[17]を発表して、この中で茅山道(福井康順は上清派を茅山道とも表記する）と葛氏道との関係を詳しく論じている。この論文で福井康順は上清派について「陶弘景の一派が、茅山に栄えて、いはゆる上清派をなしていることは、道教史上、よく知られている事実で、かの茅山志は即ちこの派の全貌を示しているのである」（七〇頁）と述べて、更に葛氏道と茅山道（上清派）が道教の正統な道流であると断定している。

道教の上清派については、初めに宮川尚志、次いで福井康順が論文を発表して以来、東晋の中頃以降の道教では上清派が主流である、という考えが日本の道教研究者の間に定着していったようである。

続いて一九五五年には吉岡義豊が『道教経典史論』[18]を出版して、その中に中国の陳国符の作成した「道経伝授表」を掲載した。因みに、吉岡義豊の『道教経典史論』に掲載された、陳国符の「道経伝授表」は、一九四九年に中華書局より出版された陳國符の『道蔵源流考』[19]の初版本に付されていた表を転載したもののようである。

吉岡義豊『道教経典史論』の出版以後は、唐の李渤『真系』や元の劉大彬『茅山志』及び陳国符の「道経伝授表」に述べる系譜が上清派の系譜であり、同時に上清派が道教の正統派であり主流派である、という見解が動かし難い、正しい学説として世界の道教学者の間に深く浸透していった。

今でもなお、世界の道教研究者の多くが六朝・隋唐の道教の主流は上清派であると考えている。言わば、六朝・隋唐の道教の主流は上清派であるという学説は、一九四九年以降の半世紀もの間、世界の道教史研究の定説となっていたのである。

このような状況のなかで本書が出版されることは、いささか意義があろうかと思われる。博雅の諸賢の御批正を切に願う次第である。

（1）『全唐文』（中華書局、一九八二年）巻一・二三頁
（2）『全唐文』巻一四・一六四頁
（3）『全唐文』巻三〇・三四一頁
（4）大正（大正新修大蔵経）五二・三八六頁b－c
（5）『全唐文』巻一七・二〇二頁
（6）大正五二・五二頁a
（7）拙著『中国の道教』（創文社、一九九八年）第二章「道教」の成立、四　三洞説と「道教」、の項を参照。
（8）卿希泰主編『中国道教史』（修訂本、四川人民出版社、一九九六年）
（9）任継愈主編『中国道教史』（増訂本、中国社会科学出版社、二〇〇一年）
（10）吉岡義豊『永世への願い――道教』（淡交社、一九七〇年）
（11）窪徳忠『道教史』（山川出版社、一九七七年）
（12）Robinet, Isabelle. *Histoire du taoïsme* (Les Éditions du Cerf, 1991)
（13）Robinet, Isabelle. *Taoism : Growth of a Religion* (Stanford U. P, 1997)
（14）宮川尚志『六朝宗教史』（初版本、弘文堂、一九四八年）

(15) 宮川尚志「唐室の創業と茅山派道教」(『仏教史学』第一巻第三号所収、一九五〇年)
(16) 宮川尚志「茅山派道教の起源と性格」(『東方宗教』創刊号、日本道教学会、一九五一年)
(17) 福井康順「葛氏道の研究」(津田左右吉編輯『東洋思想研究』第五、岩波書店、一九五三年)
(18) 吉岡義豊『道教経典史論』(道教刊行会、一九五五年)
(19) 陳国符『道蔵源流考』(初版本、中華書局、一九四九年)

第一章　唐代の道教教団と天師道

一　はじめに

唐代の道教教団は、各地に存在する道観とそこに居住する出家道士とによって構成されていた。小稿では、この道観にいかなる教派の道士が居住していたのか、あるいは道観に居住する道士にはどのような位階制度が存在していたのか、等を考察する。この考察によって、唐代の道教教団は天師道の道士によって構成されていたことが明らかになるであろう。

二　唐代の道士の位階制度

（1）道士の位階制度と上清経籙の伝授に関する従来の誤解

一　これまでの道教研究では、唐代の道教には上清派（茅山派ともいう）や霊宝派（洞玄派ともいう）や洞神派（三皇派ともいう）や高玄派（太玄派ともいう）や正一派（天師道ともいう）、あるいは重玄派が存在しているように考えられてきた。そして、これらの諸派の中で上清派が主流であると考えるのが一般的である。そこで初めに、これまでなぜ、唐代の道教教団では上清派が主流であると誤解されていたのか、その原因を考察してみたい。

唐代の道教の主流が上清派であるという誤解は、どうして生じたのであろうか。それは、唐の李渤「真系」（『雲笈七籤』巻五所収）と元の劉大彬『茅山志』（ＨＹ三〇四）における上清経籙の伝授の系譜を、そのまま上清派の系譜と読み違えたことに由来する。唐の李渤が「真系」の序で述べる上清経籙の伝授の次第を系譜の図で示すと、次のようになる。

楊羲――許謐[1]・許翽――許黄民――馬朗――殳季真――陸修静――孫遊嶽――陶弘景――王遠知――潘師正――司馬承禎――李含光

ここで、陶弘景（四五六―五三六）以後の王遠知（五一〇？・五二八？―六三五）、潘師正（五八四―六八二）、司馬承禎（六四七―七三五）、李含光（六八三―七六九）を上清派の道士と誤解したために、唐代の道教も上清派が主流であると考えてしまったのである。しかし、王遠知、潘師正、司馬承禎、李含光は上清派の道士ではなく、皆、上清経籙を受けた天師道の道士である[2]。では、なぜ「真系」の上清経籙の伝授の系譜を上清派の系譜と見てしまったのであろうか。見方によっては、上清経籙の伝授の系譜をもって、上清経籙を伝授してきた上清派の系譜と見るのは当然とも言える。それだからこそ、この誤解が半世紀もの間続いていたのであるが[3]、しかしこれは、唐代においては上清経籙の伝授が天師道の道士の間でのみ行われていたという事実[4]を知らなかったことから起きた誤解である。

ところで、天師道においては劉宋の末期頃から道士が道館（六朝時代には道館という）に居住するようになり、梁初には道館に居住する道士の、受法のカリキュラムと位階制度とが整備されている。天師道における受法のカリキュラムと道士の位階制度は『一切道経音義妙文由起』（HY一一一五）に所収の「正一経」や『正一威儀経』（HY七九〇）の「正一受道威儀」や『三洞奉道科誡儀範』（敦煌資料ペリオ二三三七。以下、『科誡儀範』と略称）巻四・法次儀の「正一法位」や朱法満編『要修科儀戒律鈔』（HY四六三）巻十五・巻十六の「道士吉凶儀」に所収の梁の孟景翼と孟智周の《喪礼儀》や巻九坐起鈔に所引の「盟威法師喪服儀」等から知ることができる。(5)

受法のカリキュラムというのは、天師道に入門した道士が天師道教団のなかで教育を受ける時に、修行の段階に応じて師から授かる経典や符籙の種類を指す。つまり、天師道に入門すると、初めに正一部の経籙を受ける。修行が進むと、次に老子道徳経の含まれた太玄部の経籙を受ける。更に修行が進むと、次に『三皇経』の含まれた洞神部の経籙を受ける。更に修行が進むと、次に霊宝経の含まれた洞玄部の経籙を受ける。そして最後に上清経の含まれた洞真部の経籙を受ける。これが天師道における受法のカリキュラムの基本型である。(6)

また、天師道の道士の位階制度においては、道士が授かった経籙の種類と道士が得る位階の法位とは相関関係にある。つまり、天師道に入門して、最初に正一部の経籙を授かると、正一道士（正一弟子・正一法師）の法位を得る。次の太玄部の経籙を授かると、高玄道士（高玄弟子・高玄法師）の法位を得る。更に修行が進んで、洞神部の経籙を授かると、洞神道士（洞神弟子・洞神法師）の法位を得る。更に修行が進んで、洞玄部の経籙を授かると、洞玄道士（洞玄弟子・洞玄法師）の法位を得る。更にその上の洞真部の経籙を授かると、洞真道士（洞真弟子・洞真法師あるいは大洞弟子・大洞法師）の法位を得る。そして更に修行が進むと、上清太素交帯・上清玄都交帯・上清白紋交帯・上清紫紋交帯（畢道券）等を受けて最高位の三洞道士（上清玄都大洞三景弟子・三洞法師）の法位を得る。これが天師道における道士の位階制度の基本型である。(7)

このような受法のカリキュラムと道士の位階制度の基本型が南朝の梁代初めの天師道教団において確立されるが、この制度は唐代の天師道においても継承されている。但し、梁末頃より、『洞淵神呪経』と『昇玄経』が天師道の受法のカリキュラムに取り入れられ、これらの経典を受けた神呪道士や昇玄道士が天師道の道士の位階の中に加わる。更に唐代になると、張万福撰『太上洞玄霊宝三洞経誡法籙択日暦』（HY一二三〇）によれば、洞玄部と洞真部の間に五法（六甲符・禁山符・五嶽真形図・三皇経・霊宝五符）と河図宝籙が受法のカリキュラムの中に加えられるようになり、それを得た道士の法位も形成される。『受籙次第法信儀』（HY一二三四）では「受五符法位」の項に五法を受けた道士の法位として洞神三皇内景弟子・太上霊宝无上洞神弟子、「受河図法位」の項に河図宝籙を受けた道士の法位として太玄河図宝籙九官真人と記している。しかし張万福編録『洞玄霊宝三師名諱形状居観方所文』（HY四四五）では、経籙の伝授の際に弟子に授ける、度師・籍師・経師の三師の名諱等を、「正一師諱」「五千文師諱」「神呪師諱」「洞神師諱」「昇玄師諱」「洞玄師諱」「上清師諱」の項目順に載せているので、唐代の天師道における経籙の伝授は正一部、太玄部、『洞淵神呪経』、洞神部、『昇玄経』、洞玄部、洞真部の順に行われていたことがわかり、併せて唐代の天師道における道士の位階も正一道士、高玄道士、神呪道士、洞神道士、昇玄道士、洞玄道士、洞真道士（大洞道士）、三洞道士が基本であったことが知られる。

これまで道教研究者の多くは、梁代の天師道において形成された受法のカリキュラムと道士の位階制度についての知識が不充分であったために、唐代中期の張万福の著作等に見られる受法のカリキュラムや道士の法位が天師道における受法のカリキュラムであり、天師道の道士の位階であることに気付かずにいた。そこで、張万福等の著作に見られる道士の受法のカリキュラムと法位について次のように誤解してしまったのである。つまり、正一部の経籙を受けた正一道士は正一派の道士であり、太玄部の経籙を受けた高玄道士は高玄派（太玄派）の道士であり、洞神部の経籙を受けた洞神道士は洞神派（三皇派）の道士であり、洞玄部の経籙を受けた洞玄道士は霊宝派（洞玄派）の道士、洞真部の経籙を受けた洞真道士や三洞道士は上清派（茅山派）の道士である、と誤解してしまった。その結果、唐代には上清派や霊宝派や洞神派や高玄派や正一派などの道教の教派が存在すると考えてしまい、天師道はこの中の正一派に相当するものと見ていた。そのために、唐代の道教全体から見ると、天師道は道教諸派の中の一つでしかなく、それも道士の位階としては法位の一番低い道士が正一派の天師道の道士と見られていたのである。

しかし、これは道士の位階制度を誤解したために起きた大きな誤りである。道士の位階の中で一番低い正一道士も、次の高玄道士も、その上の神呪道士も、更にその上の洞神道士も、昇玄道士も、洞玄道士も、洞真道士も、そして最高位の三洞道士も、すべて天師道の道士である。上清経籙を受けた洞真道士や三洞道士、あるいは霊宝経籙を受けた洞玄道士も、皆、天師道の道士であるから、唐代には上清派の道士や霊宝派の道士は存在していないのである。上清派や霊宝派だけでなく、昇玄派も、洞神派も、神呪派も、高玄派も、また重玄派も存在していない。存在していたのは正一派の天師道だけである。

二

天師道では劉宋の初め頃より上清派の作成した上清経籙を摂取し、天師道の道士の間でも上清経籙は尊ばれ伝授されてきた。天師道における上清経籙の伝授は、道士の位階制度が整備される梁初以降は道士の位階制度に基づいて行われていて、上清経籙は洞玄道士から洞真道士になる時と、洞真道士から三洞道士になる時に授けられた。ところが、六朝期の上清派では道士の位階制度は形成されていなかったようであり、これこれの位階の道士でなければ上清経籙の伝授は許されないというような、伝授に関する法位の限定はなかったようである。そこで次に、六朝期の上清派における上清経籙の伝授と道士の位階制度について少しく見ておきたい。

六朝時代の上清派において上清経籙が伝授されていたという事実は、上清派の経典である『洞真太上太霄琅書』（HY一三四一）巻五の師資行事や『太霄琅書瓊文帝章訣』（HY一二九）、あるいは『太真玉帝四極明科経』（HY一八四）巻五の太玄都中宮女青律文において上清経籙の伝授の儀式が記されていることから明らかに知られる。しかし、ここで注意すべきことは、『洞真太上太霄琅書』や『太霄琅書瓊文帝章訣』や『太真玉帝四極明科経』には上清派の道士の位階制度についての具体的な記述が見られないことである。上清派の道士の法位としては『洞真太上太霄琅書』巻六の「大洞三景弟子」（三二a）と『太真玉帝四極明科経』巻五の「大洞法師」（三b）の法位名が見えるだけである。『洞真太上太霄琅書』巻六斎戒要訣の為同義救厄疾謝罪請福斎出官訣第十六には「三洞法師」（一六b）や「祭酒」（一六b）の法位名が見られるが、これらは天師道の法位であって、上清派本来の法位ではない。天師道の祭酒や道士の法位名が出官儀に見えるのは、この出官儀を天師道の道士が執り行っていたからであろう。出官儀は上清派本来の儀礼ではなく、天師道の伝統的な儀礼であるから、上清派では天師道の出官儀を模倣して自分たちの出官儀を作ってはみたものの、それを実際に行う場合には天師道の道士で既に上清経籙を伝授された三洞法師の協力が必要であったものと推測される。

上清派の道士に位階の制度が存在しなかったことは、上清派の道士の法服に位階の違いによる区別がなかったことからも推測できる。『洞真太上太霄琅書』巻四・存師訣第七では、最後の段で「法服の制、品級各々殊なり、昇降の科、大略左の如し」と記して、あたかも道士の法服に等級があるように述べているが、しかし実際には、それに続く法服訣第八の冒頭では、

葛巾　　葛単衣　　布褐　　布裙　　葛帔　　竹手板　　草履

右、男子の経を受くるに、此の法服を須《ま》つ。（以下、省略）（巻四・三ａ）

とあって、男子が経典を受ける際に身に付ける法服一式を列記しているだけで、法服の等級のことは述べられていない。法服訣第八全体においても、道士の位階の高下を示すような、法服の等級についての具体的な記述はない。これは、上清派の道士の位階制度が発達していなかったので、道士の法服に細かな等級の区別を付ける必要がなかったことを示していよう。

『太真玉帝四極明科経』巻五には、

太玄都四極明科曰く、凡そ男女同じく上清の道を学び、共に師宗を奉ずれば、室に入りて斎戒し焼香し礼拝するに、当に学ぶ所の深浅上下の次第に随うべし。高上が玄鑒し、身に三宝の奇文を受くるに、登盟備わること、以て第一と為す。同じく此の徳有らば、先後これに次《つ》ぐ。復た同じ年に倶に備うれば、長幼これに次ぐ。皆な、上徳高称の才を以て大洞法師と為すなり。互に争いて己を称《たた》え、相推敬せざることを得ざれ。復た次序無くんば、四司の糾《ただ》す所と為る。（巻五・三ａ―ｂ）

という一節が見える。これによると、上清経籙の学習のレベルの違いによって弟子の間に多少の序列ができていたようであるが、しかしその序列はせいぜい斎戒・焼香・礼拝等を行う際にその順番を決める基準となるぐらいの役割しかないようである。またその序列も、同じ上清経籙を受けた弟子同士の場合には受けた時期の早晩によって、あるいは同じ時期に同じ上清経籙を受けた者同士の場合には年齢の長幼によって、高下が決められたようであるから、法位によって区別しなければならないほどの、厳格な序列ではないようである。そして上清経籙を受けた者は皆、大洞法師と呼ばれていたのであるから、伝授された上清経籙の違いによって法師の法位名も異なるということもなかったようである。そして『洞真太上太霄琅書』巻六に見える「大洞三景弟子」が上清経籙を受ける弟子の法位名であることを参照すれば、上清派には上清経籙を授ける法師の法位である「大洞法師」と上清経籙を受ける弟子の法位である「大洞三景弟子」の、二つの法位しか存在しなかったようである。このように見てくると、劉宋末・南斉・梁初頃の上清派には道士の位階制度はほとんど形成されていなかったことが知られる。

『洞真太上太霄琅書』や『太真玉帝四極明科経』から上清派の状況を推測してみると、上清派では師弟の間での上清経籙の伝授が非常に重視されており、弟子は師から上清経籙を伝授してもらうために師に仕えていたようである。したがって、上清派では一人の師を中心に少数の弟子が集まって、小さなグループを構成し、そのグループが一つの単位となって宗教活動をしていたようである。

劉宋・南斉・梁初頃の上清派には一人の師と少数の弟子とによって構成された小集団が幾つか存在していたが、小集団はそれぞれがばらばらに活動していて、小集団全体を統轄するような教団組織は形成されていなかったようである。但し、上清派の小集団の間では、『洞真太上太霄琅書』や『太真玉帝四極明科経』で説くような教理や戒律や科儀が共有されており、その点で個々の小集団は同じく上清派に属していたのである。上清派の教理や儀礼には天師道から借用したものが多くあるので、出官儀のように、その活動において時には天師道の道士の協力が必要である場合もあったようである。上清派の教理や儀礼の内容から判断すれば、上清派と天師道との交流は非常に密接であったと推測される。上清派の道士が天師道の儀礼に参加したり、逆に天師道の道士が上清派の儀礼を輔佐したり、あるいは上清派の道士が天師道の道士のもとで修行したりすることが頻繁に行われていたのではあるまいか。

上清派と天師道との交流は徐々に上清派の崩壊を招くことになった。天師道教団が強力になる梁代には、上清派の道士は次々に天師道教団の中に取り込まれてしまったようである。天師道の『正一威儀経』の正一受道威儀では「大洞法師」の法位名が洞真法師の上位の道士に対する法位として用いられているが、これも上清派の「大洞法師」が天師道の位階制度の中に取り込まれたことを示す証跡である。「大洞三景弟子」の法位名も『科誡儀範』巻四・法次儀の「正一法位」の中では「上清玄都大洞三景弟子无上三洞法師」とあって、洞真法師の上位の三洞法師の別称として取り入れられている。また唐初の天師道が編纂した『赤松子章暦』に収める上章の「絶泰山死籍言功章」（巻四・二三b）や「遷達先亡言功章[8]」（巻四・二四b）には「上清大洞三景弟子」の法位名が見えるので、唐初の天師道には大洞三景弟子の法位の道士が存在していたことは明らかである。

こうして梁代には上清派の道士は天師道の中に取り込まれてゆき、上清派は徐々に衰退し消滅していったのである。最後に残った茅山の陶弘景の小集団も、陶弘景の死後、指導する師を失ったためにしばらくして崩壊してしまい、上清派はこの崩壊をもって完全に消滅してしまったようである。唐代の茅山の道観には上清派の道士ではなく、天師道の道士が居住していたことが確かめられている。[9] 尚、陶弘景の小集団も、陶弘景の弟子たちの間に位階制度が形成されるほどには教団化されてはいなかったようである。梁の普通三年（五二二）に刻まれた「許長史旧館壇碑」（『茅山志』巻二〇）の「碑陰記」では陶弘景の弟子たちの称号が一律に「上清弟子」となっているが、これも陶弘景の弟子たちの間に位階制度に基づく法位が存在していなかったことを示すものであろう。

こうして見てくると、唐代の道士の位階制度が上清派のものではないことは明瞭であろう。唐代の道士の位階制度は天師道教団の道士の位階制度であったのである。したがって、上清経籙の伝授も、霊宝経籙の伝授も、三皇経籙の伝授も、太玄部の経籙の伝授も、正一部の経籙の伝授も、すべて天師道教団の道士の間で行われていたのであり、唐代の道教には上清経籙を伝授する上清派や、霊宝経籙を伝授する霊宝派、あるいは三皇経籙を伝授する三皇派というような、経籙の伝授に関わる教派は存在していなかったのである。

（2）道士の法位と天師道の位階制度

唐代の道士の法位はすべて天師道の道士の位階制度に基づくものであることを検証してみたい。初めに、唐代に作成された碑や墓誌や題記に見える道士の法位を調べてみると、唐代に作成された碑や墓誌や題記に出てくる道士のすべての法位が天師道の道士の位階であることがわかる。唐代の碑や墓誌や題記に見える道士の法位名を位階別に整理してみると、正一道士の法位に相当する「正一道士」「正一弟子」、高玄道士の法位に相当する「高玄道士」、洞神道士の法位に相当する「洞神道士」、洞玄道士の法位に相当する「洞玄道士」「洞玄弟子」、五法を受けた洞神三皇内景弟子に相当する「三皇内景弟子」、洞真道士の法位に相当する「洞真道士」「洞真法師」「大洞法師」「大洞女道士」「大洞三景法師」「上清大洞三景女道士」「上清道士」「上清大洞三景弟子」「大洞三景弟子」「上清弟子」、三洞道士の法位に相当する「三洞道士」「三洞法師」「三洞錬師」「三洞女道士」「上清三洞道士」「三洞真一道士」「上清玄都大洞三景弟子」「三洞弟子」である。[10] これらは皆、天師道の道士の位階に見られる法位名である。このことから、唐代の道教の道士は天師道の道士だけであり、天師道以外の、別の教派の道士は存在していなかったことが知られる。

また、唐代の著名な道士の法位を見ても、彼らが天師道の道士であったことがわかる。『伝授三洞経戒法籙略説』（HY一二三一）や『太上洞玄霊宝三洞経誡法籙択日暦』や『洞玄霊宝三師名諱形状居観方所文』や『三洞衆戒文』（HY一七八）を著した張万福は『洞玄霊宝三師名諱形状居観方所文』

と『三洞衆戒文』に「三洞弟子京太清観道士張万福編録」とあって、天師道の三洞弟子の法位を得ていたことがわかるので、明らかに天師道の道士である。『要修科儀戒律鈔』を撰述した朱法満も「三洞道士朱法満撰」とあるので、朱法満が三洞道士の法位をもつ天師道の道士であることがわかる。符籙を用いて鬼神を統御する方術にたけていたことで有名な葉法善（六一六－七二〇）は天師道の代表的な道士であるが、『金石萃編』巻五三の「岱岳観碑」の儀鳳三年（六七八）の碑文に「大洞三景法師葉法善」とあるので、葉法善は大洞三景法師の法位を得ている。李渤『真系』の系譜に載せられている李含光も『太上慈悲道場消災九幽懺序』（HY五四三）に「三洞法師玄静先生李含光」とあるので、天師道の三洞法師の法位を得ていたことがわかる。あるいは劉処静[11]（杜光庭）撰『洞玄霊宝三師記』（HY四四四）において劉処静（杜光庭）の度師の応夷節（八一〇－八九四）、籍師の憑惟良、経師の田良逸は「上清大洞」の法位が冠されているから、全員が天師道の上清大洞三景法師あるいは上清大洞三景弟子であった。

また敦煌資料（スタイン六四五四、ペリオ二三四七、ペリオ二三五〇、ペリオ三七七〇、貞松堂蔵本、ペリオ三四一七）の「十戒経盟文[12]」から、八世紀前半の唐代の敦煌と雍州で行われていた道教が天師道の道教であることが確かめられる。スタイン六四五四は天宝十年（七五一）正月二十六日に敦煌郡敦煌県玉関郷豊義里開元観の男生清信弟子張玄誓が三洞法師中岳先生馬（遊嶽）から十戒・十四持身品を受けた際の盟文、ペリオ二三四七は景龍三年（七〇九）五月十八日に沙州敦煌県洪閏郷長沙里沖虚観の女官清信弟子唐真戒が北岳先生閻（履明）から十戒を受けた際の盟文、ペリオ二三五〇は開元二年（七一四）正月二十二日に沙州敦煌県龍勒郷常安里の男官清信弟子利无上が三洞法師中岳先生張（仁邃）から十戒・十四持身品を受けた際の盟文、ペリオ三七七〇は至徳二年（七五七）に敦煌郡敦煌県平康郷洪文里の男生清信弟子王玉真が三洞法師中岳先生索（崇術）から十戒・十四持身品を受けた際の盟文、貞松堂蔵は開元二年（七一四）正月二十二日に沙州敦煌県洪池郷神農里の女官清信弟子陰志清が三洞法師張（仁邃）から十戒・十四持身品を受けた際の盟文である。ペリオ三四一七は景雲二年（七一一）八月に雍州櫟湯県龍泉郷凛台里の男生清信弟子□景仙が三洞法師中岳先生張（□□）から十戒・十四持身品を受けた際の盟文である。

これらの盟文には「三洞法師」と「清信弟子」の法位名が見えるが、三洞法師は言うまでもなく、天師道の最高位の法位である。また清信弟子という法位は、『正一威儀経』の正一受道威儀の天師道の位階を述べる條に「則ち、俗人は清信弟子と坐を同じうするを得ず。清信弟子は清信道士と座を同じうするを得ず。清信道士は正一道士と坐を同じうするを得ず。」と見える。また、『科誡儀範』巻四の法次儀にも「正一法位」の直前に、「清信弟子」の法位が正一道士になる前の天師道の入門者の呼び名の一つとして記されている。そして「清信弟子」の注記には「天尊十戒・十四持身〔品〕、或は十二可従〔戒〕、六情〔戒〕等の戒を受くれば、此の号を加うるを得。」とある。あるいは張万福『伝授三洞経戒法籙略説』の「戒目」の項の中の「天尊十戒十四持身品」の注記に「此れ清信弟子・久志局[13]の受くる所なり」とあり、敦煌資料の「十戒盟文」は『科誡儀範』や『伝授三洞経戒法籙略説』の説くところと合致している。このことから、清信弟子が天師道の信奉者の法位であることがわかる。つまり、敦煌資料の「十戒盟文」から、唐代の敦煌や雍州の道教も天師道の道教であったことが推測できるのである。

ところで、天師道の道士にとって最高に栄誉のある称号が「天師」という称号である。天師の称号は、本来は張陵、あるいは張陵・張衡・張魯の三師に当てられた特別の称号であり、一般の道士の法位とは異なるものであったが、しかし唐代になると、一般の道士でも際立って優れた道士の場合には皇帝から「天師」の称号が与えられた[14]。天師の称号はもともとは張天師に始まるものであるから、当然この称号は天師道の優れた道士のみに授けられた。それゆえ、唐代の道士で天師の称号をもつ道士は皆、天師道の道士であると言える。

天師の称号をもつ唐代の代表的な道士には次のような人々がいる。潘師正は『道門経法相承次序』(HY一一二〇)で「天師」と呼ばれており、恐らく天師の称号をもつ唐代最初の道士であろう。潘師正の弟子の司馬承禎も、睿宗(在位七一〇―七一二)の「賜天師司馬承禎三勅」(『全唐文』巻十九)に「司馬天師」とあり、杜光庭(八五〇―九三三)の『道教霊験記』(HY五九〇)巻十四の「玄宗大宝観投龍験」にも「玄宗皇帝は司馬天師を詣でて、三洞宝籙を受く」とあるので、天師の称号を与えられた天師道の道士であったことが確認できる。また、司馬承禎の弟子の李含光も李白『唐漢東紫陽先生碑銘』（『茅山志』巻二十四）に「天師李含光」とある。あるいは呉筠（?－七七八）も「中元日鮑端公宅遇呉天師聯句」（『全唐詩』巻七八九・厳維）で「呉天師」と称されている。北宋の孫夷中『三洞修道儀』（HY一二二七）には「潘天師」「司馬天師」「呉天師」「葉弧雲、葉広寒の二天師」とあるので、潘師正や司馬承禎や呉筠の他に、葉弧雲や葉広寒も天師の称号を得ていたようである。葉法善も『道教霊験記』巻十四の「葉法善醮霊験」の冒頭に「天師葉法善は、括州の人なり」とあって、天師の称号が冠されている。更に、詩人の李白（七〇一－七六二）に道籙を授けた北海の高天師（高如貴）も、天師の称号をもつ天師道の道士である。また『洞玄霊宝三師記』の著者劉処静（杜光庭の経師田虚応も武宗皇帝より天師の称号を授かっている。これらの天師の称号をもつ道士たちは皆、三洞法師や大洞法師（洞真法師）の法位をもつ天師道の道士であった。

（3）　道士給田制と天師道の位階制度

唐代には土地政策として均田制が施行されたが、田令を見てみると、道士や女冠（女道士）への給田が天師道の道士の位階制に基づいて施行されていることがわかる。給田を受ける道士の位階が天師道の道士の位階制に基づいているということは、唐代の道士の全員が天師道の道士であったことを示唆している。そこでこの田令について少しく考察してみたい。

『大唐六典』巻三戸部郎中員外郎には、

凡そ道士の給田三十畝、女冠二十畝。僧尼も亦たこの如し。

とある。また、『白氏六帖事類集』巻二十六の道士の項の「授田令」には、

令に曰く、道士　老子経以上を受くれば、道士には給田三十畝。僧尼　具戒を受くれば、此れに准ず。

とある。ここから、仁井田陞氏は『唐令拾遺』(15)において、開元七年（七一九）及び開元二十五年（七三七）の田令を次のように復元している。

諸道士受老子経以上、道士給田三十畝、女官二十畝。僧尼受具戒准此。

これらの史料によれば、開元年間には給田を受けられる道士は「老子経以上を受けた道士」であったことがわかる。

また、道宣『集古今仏道論衡』巻丙の太宗下勅以道士三皇経不足伝授令焚除事第九に、

貞観二十二年十月、吉州の上表有りて云う、天尊に事うる者有りて三皇斎法を行う、と。依りて其の経を検するに、乃ち云う、天師に為らんと欲し、皇后に為らんと欲すれば、此の経を読むべし、と。此れに拠りて、国家に言及す。田令を検するに、云う、道士の三皇経に通ずる者、給地三十畝、と。公式令を検して、諸《も》し令式の便ならざるもの有らば、奏聞せよ。此の三皇経の文言に異有らば、具に録して以て聞《もう》せ、と。勅令有りて、百官議定す。

（中略）

吏部楊纂等議して云う、依りて三皇経を読むに、今、老子道徳経と義類同じからず。並びに留むべからず。後を惑わすを以てなり、と。勅旨〔に云う、〕其の三皇経は並びに収め取りてこれを焚せ。其の道士の道徳経に通ずる者、給地三十畝、と。仍ち著令す。時に、省司は諸州の牧に下して三皇経を収めしめ、並びに尚書の礼部庁前に聚む。尚書において試みに火を以て爇《や》く。一時に灰燼す。

（大正五二・三八六ａ－ｂ）

とある。これによると、太宗の貞観二十二年（六四八）に、道士への給田が「道士の三皇経に通じる者、給地三十畝」から、「道士の道徳経に通じる者、給地三十畝」に変更されたようである。[16]

滋野井恬氏は僧道給田制開始の時期を、高祖の武徳七年（六二四）の第一次律令公布の時と推定している。そしてその給田令の最初の文章は「諸の道士の三皇経に通ずるもの、給田三十畝、女冠二十畝、僧尼の具戒を受くるものはこれに准ず」とあったと推定し、更に太宗の貞観十一年（六三七）の田令も同様の内容であったという。[17] そうすると、道士・女道士への授田の資格は、太宗の貞観二十二年に初めて「三皇経に通じる者」から「道徳経に通じる者」に変更されたようである。尚、道世『法苑珠林』巻五十五の捨邪帰正第六にも、同様の記述が見えるが、引用は省略する。

さて、道士への給田が太宗の貞観二十二年に「道士の三皇経に通じる者、給地三十畝」から、「道士の道徳経に通じる者、給地三十畝」に変更されたというが、この「道士の三皇経に通じる者」とか、「道士の道徳経に通じる者」とは、いかなる意味であろうか。この意味を分析することによって、道士への給田の基準となる道士の位階制度を解明してみたい。

貞観二十二年に変更された田令の「道士の道徳経に通じる者、給地三十畝」とは、玄宗の開元年間の田令にいう「道士　老子経以上を受くれば、道士には給田三十畝」に相当するものであるから、貞観二十二年の田令において道士の給田資格とされている「道士の道徳経に通じる者」とは、「老子経以上を受けた道士」の意味である。このことから、「道士の道徳経に通じる者」とか、「老子経以上を受けた道士」とは、既に『老子道徳経』を伝授された道士たちを指していることがわかる。同じように、貞観二十二年以前の田令で授田の基準とされていた「道士の三皇経に通じる者」も、「三皇経以上を受けた道士」の意味であり、それは既に『三皇経』を伝授された道士たちである。つまり、田令においては、給田を受ける資格をもつ道士を、「三皇経以上を受けた道士」あるいは「老子道徳経以上を受けた道士」とするのであるから、給田が施行されるためには、その前提として『三皇経』や『老子道徳経』を受けた道士の存在する位階制度が整っていなければならないであろう。もしこのような道士の位階制度が整っていなければ、「三皇経以上を受けた道士」とか、「老子道徳経以上を受けた道士」と指定されても、誰がそれに該当するのか決められない。給田を受ける資格をもつ道士が誰であるのかが定まらなければ、給田は実際に執行できないのである。

では、「三皇経以上を受けた道士」や「老子道徳経以上を受けた道士」の存在する道士の位階制度とは、どのような制度であろうか。この道士の位階制度には、「老子道徳経を伝授された道士の法位とそれ以上の等級の道士の法位」あるいは「三皇経を伝授された道士の法位とそれ以上の等級の道士の法位」が存在していなければならないが、このような位階制度を備えている道教教団は唐代には天師道の教団しかなかったのである。上清派には、既に述べたように、道士の位階制度はほとんど形成されていないから、「老子道徳経以上を受けた道士」の位階や「三皇経以上を受けた道士」の位階は上清派には存在しない。それゆえ、唐代の道士への給田が天師道教団の道士を対象として施行されたものであることは明白であろう。

このことを道士の位階制度に即して具体的に述べるならば、唐代の天師道教団の位階制度では「三皇経以上を受けた道士」とは、洞神道士、昇玄道士、洞玄道士、洞真道士、三洞道士の法位の道士たちを指すから、貞観二十二年の田令の改正以前は、洞神道士、昇玄道士、洞玄道士、洞真道士、三洞道士の法位の道士たちが給田を受けられたのである。改正後の「老子道徳経以上を受けた道士」とは、これに更に高玄道士と神呪道士を加えた、高玄道士、神呪道士、洞神道士、昇玄道士、洞玄道士、洞真道士、三洞道士の法位の道士たちであるから、貞観二十二年の田令の改正後にはこれらの法位の道士たちが給田を受けられたのである。

給田を受けられる道士が天師道教団の道士だけであるということは、換言すれば、唐代の道士は天師道の道士だけであったということを示唆している。給田というのは国家の重要な政策であるから、その対象となる道士が天師道教団の道士のみということになれば、給田を受けられない、天師道以外の道士は生活の経済的基盤を失い、道士として活動することは困難である。それゆえ、唐代には天師道以外の道士は存在していなかったはずである。存在していたとしても、それは例外に近いごくわずかな人々であろう。給田が得られて道観に居住していた道士は、すべて天師道の道士であったと見て大過なかろう。

ところで、貞観二十二年の田令における改正の意義について少しばかり触れておきたい。貞観二十二年の道士給田に関する田令の改定は、仏教側の史料によると、『三皇経』に図讖が書かれていたために焼却処分に付されて、『三皇経』が道士の間で伝授できなくなったことが原因であるように記されているが、しかし実際にはそうではなく、時の皇帝太宗が道教を優遇するために行った施策のようである。貞観二十二年の道士への授田の資格変更によって、給田を受けられる道士の基準が「三皇経に通じる者」すなわち洞神道士以上の法位の道士から、「老子道徳経に通じる者」すなわち高玄道士以上の法位の道士に二階級下げられることになり、これまで給田が受けられなかった高玄道士も神呪道士も、給田が受けられるようになった。つまり、この変更によって道士側はこれまで以上に多くの田地が受けられるようになったのである。これは明らかに道教側にとって大変有利な法改正である。この点から見て、貞観二十二年の田令の改定は太宗が道教を優遇するために執った政策であると考えるのが穏当であろう。

また、『三皇経』が尚書の礼部庁前に集められて焼却処分され、その結果『三皇経』は遂に道士の間で伝授ができなくなった、という仏教側の史料の記載にも疑わしいところがある。なぜならば、『三皇経』は貞観二十二年（六四八）以降も天師道の道士の間で確かに伝授されているからである。唐の先天元年（七一二）十二月に記された張万福『伝授三洞経戒法籙略説』には、洞神道士に伝授される経籙の「三皇法目」の中に「三皇内文」や「三皇大字」や「洞神経十四巻」を載せている。あるいは、同じく張万福の『太上洞玄霊宝三洞経誡法籙抔日暦』には、『三皇経』を含む「五法」が受法の経籙の中に入っている。また、『三皇経』を受けた洞神道士や三皇内景法師の法位名が貞観二十二年以後の碑文にも現れている。これらの事実を踏まえると、『三皇経』の焼却処分という記載にはかなりの誇張があり、信憑性に欠ける。貞観二十二年の田令の改定によって道教側の給田が大幅に増加したのに比して、仏教側の給田は従前と同様であったから、仏教徒はこの改定に強い不満を抱いていたに違いなく、その不満の気持ちが仏教徒をして道教を貶める記事を書かせたものと思われる。

三　「道家」・「道教」・「黄巾」と天師道

（１）「道家」と天師道

梁の劉勰（四六六？—五二〇）は『滅惑論』（『弘明集』巻八所収）で「道家」について次のように述べている。

道家の立法を案ずるに、厥《そ》の品に三有り。上は老子を標《あらわ》し、次は神仙を述べ、下は張陵を襲《おそ》いて、太上を宗と為す。（大正五二・五一b）

ここでは、「道家」が上中下の三段階に区分されていて、上位の「道家」は老子、中位の「道家」は神仙家、下位の「道家」は五斗米道[18]・天師道である。「下は張陵を襲いて、太上を宗と為す」が五斗米道や天師道を指すのは、東晋の五斗米道や劉宋の天師道では、後漢の張陵を教祖とし、太上（太上大道・太上老君）を最高神として尊崇していたからである。

北周の道安『二教論』（『広弘明集』巻八所収）服法非老第九でも、

問う、敬んで道家を尋ぬるに、厥《そ》の品に三有り。一は老子の無為、二は神仙の餌服、三は符籙・禁厭。（大正五二・一四一a）

とあって、劉勰の『滅惑論』と同様、「道家」を三種に分け、第一は老子の無為の思想、第二は神仙家の神仙術、第三は五斗米道・天師道の符籙・禁厭の術であるという。

六朝時代の「道家」の用法は、おおよそこの三種に区分できたようである。第一の老子および老子の思想を指す「道家」の用法を挙げるならば、南斉の周顒の「答張書并問張」（『弘明集』巻六所収）に、

道家と言うは、豈に二篇を以て主と為さざらんや。（大正五二・三九a）

とある「道家」は、『老子道徳経』上下二篇の思想を指す。あるいは、明僧紹『正二教論』（『弘明集』

巻六所収）に、

　道家の旨は、其れ老氏の二経に在り。敷玄の妙は、荘生の七章に備わる。（大正五二・三七ｂ）

とある「道家」も老子の思想である。

第二の神仙家および神仙術を指す「道家」の用例としては、葛洪『抱朴子』外篇・自叙に、

　其の内篇は神僊・方薬・鬼怪・変化・養生・延年・禳邪・却禍の事を言い、道家に属す。

とある「道家」は、神仙家や神仙術を指す。

第三の五斗米道を指す「道家」の用例としては、『世説新語』徳行篇に、

　王子敬、病篤し、道家は上章して応《まさ》に首過すべし。

とあって、東晋期の五斗米道の教法あるいはその信奉者を「道家」と称している。同じ事が『晋書』巻八十王献之傳に、

　献之が疾に遇う。家人為《ため》に上章す。道家の法では、応に首過すべし。其れ何の得失有るかを問ふ。

と見えるが、ここでも「道家」は東晋期の五斗米道を指している。劉宋期の天師道を指す「道家」の用法は、『南斉書』顧歓傳に引く明僧紹『正二教論』に、

　今の道家は長生不死、名は天曹に補せらるると称し、大いに老荘の立言の本理に乖《そむ》く。

と見える。ここの「今の道家」は、劉宋末期の天師道を指しているようである。同じく『正二教論』（『弘明集』巻六所収）に

今の道家の教うる所は、唯だ長生を以て宗と為し、不死を主と為すのみ。其の金丹を練映し、霞を飡《くら》い玉を餌《た》べ、霊は羽蛻《ぜい》に昇り、尸解して形化するは、是れ其の術に託してこれを験《ため》すなり、而も竟《つい》に其の然るを覩《み》ること無きなり。　（大正五二・三八a）

とある「今の道家」も劉宋末期の天師道であろう。

謝鎮之『重書與顧道士』（『弘明集』巻六所収）に、

道家の経籍は簡陋にして、多く穿鑿を生ず。霊宝・『妙真』の如きに至りては、『法華』を採撮するも、制用は尤も拙なり。上清・『黄庭』の如きに及びては、尚《たつと》ぶ所は服食・咀石・餐霞、徒だ法の効《き》くべからざるのみに非ず、道も亦た同じうし難し。　（大正五二・四二c）

とある「道家」は、霊宝経や『妙真経』あるいは上清経や『黄庭経』等の道典を信奉しているのであるから、三洞説を唱えた劉宋後半期・南斉の天師道を指している。

「道家」が天師道を指す意味で用いられる用例は、『南斉書』顧歓傳にも見える。

仏道二家は、教を立つること既に異なれば、学者互いに相非毀す。歓は夷夏論を著して曰く、

（以下省略）。

ここに云う「仏道二家」とは「仏家」と「道家」のことであり、「道家」は『夷夏論』述作期の天師道を指す。(19)つまり、劉宋後半期には仏教信奉者の「仏家」と対比して用いられる「道家」は、天師道を指していたのである。

陶弘景『真誥』（HY一〇一〇）においても三種の「道家」の用例が見える。第一の老子を指す「道家」の用例としては、巻六の「名と身とは孰れか親しき、とは、道家の良（箴）なり」（一三a）の「道家」がある。『真誥』には第二の神仙家を指す「道家」の用例が一番多く見られ、真人たちの言葉に出てくる「道家」はおおむね神仙家の意味である。巻十三の「鬼官の北斗君は乃ち是れ道家の七辰北斗の考官なり」（四a）や「道家の北斗に非ざるなり」（三b）や巻十五の「威南威北の兵は道家の天丁・力士・甲卒の例の如きなり」（一三b）等に見える「道家」がそれである。第三の五斗米道・天師道を指す用例として巻七の注の「此の四鬼師は、本は亦た道家の祭酒なり」（七a）がある。

このように、六朝時代には老子とその思想、神仙家とその思想、あるいは五斗米道・天師道とその思想が、それぞれ「道家」と呼ばれていたが、しかし同じく「道家」という語が用いられていても、その「道家」が何を指しているのかは、文脈上おのずと明らかであった。例えば、『世説新語』徳行篇の「王子敬、病篤し。道家は上章して応に首過すべし」や『晋書』巻八十王献之傳の「家人為に上章す。道家の法では、応に首過すべし」に見える「道家」や『真誥』巻七の「道家の祭酒」とある「道家」の場合、文中で上章や祭酒のことを述べていることから、これらが東晋期の五斗米道の意味であることは明白であろう。陳の馬枢（?–五八一）『道学伝』巻七の孟景翼の項（『太平御覧』巻六六六所収）に「(天監)四年、建安王偉は座において問いて曰く、道家の科禁は甚だ重し。老子二篇を、盟誓して乃ち授く」とあるが、ここでは天師道において『道徳経』を伝授する際に課せられる厳しい科律のことが述べられているので、「道家」とは天師道を指す。同じく『道学伝』巻七・陸修静の項（『三洞珠嚢』巻二所収）に「王公又た問う、都《すべ》て道家が二世を説くを聞かず、と」と見える「道家」も、天師道の道士陸修静（四〇六－四七七）に対する質問のなかに出てくる言葉であることを考えれば、天師道を指していることは明らかであろう。

以上見てきたように、東晋以降の「道家」の用語には明らかに五斗米道や天師道を意味する用法が多く見られるが、これは五斗米道や天師道を指して「道家」と呼ぶことが六朝時代に広く一般的に行われていたからである。

「道家」が五斗米道や天師道の意味で用いられる用例は唐代の史料にも多く見られる。唐の高宗と天師道の道士潘師正との問答を記した『道門経法相承次序』には「道家」の語が多く見えるが、そのすべてが天師道あるいは天師道の教法の意味である。唐初の天師道が編纂した『赤松子章暦』（HY六一五）巻二の「官将及び吏兵の人数は、悉く道家の三気の、事に応じて感じ作る所のものなり」（二一a）は上章のことを述べるのであるから、ここの「道家」は天師道を指している。

唐代初期の仏道論争で仏教側の代表者として活躍した法琳（五七二－六四〇）の『弁正論』においても、「道家」の語が天師道を特定する意味で次のように用いられている。

道家節日

道家の金籙・玉籙・黄籙等の斎儀、及び洞神・自然等の八斎の法を案ずるに、唯だ三元の節有りて、功を言いて挙遷し、言功章を上《たてまつ》るのみ。三会には男女具《つぶ》さに郷居の戸属を序《の》べ、以て保護を請う。正月五日を上元節と為し、七月五日を中元節と為し、十月五日を下元節と為す。恰《あたか》も此の日に到らば、道士は奏章して天曹に上言し、遷達・延年・益算を得るを冀《ねが》う。七月十五日は道家の節に非ず。

（大正五二・五四八ａ）

ここでは天師道の重要な祭日である三元と三会について述べているのであるから、文中の「道家」は天師道の意味である。しかし、ここで法琳が「道家」の中元を七月五日と記すのは虚偽である。なぜならば、天師道の伝統として三元日は正月十五日、七月十五日、十月十五日に定まっているからである。法琳が敢えて虚言したのは、中元の七月十五日を仏教の盂蘭盆会のみの祭日に限定したかったからである。

玄宗皇帝の銘や勅令に見られる「道家」も、天師道を指す意味で用いられている。「慶唐観紀聖銘」には、

我が遠祖元元（玄玄）皇帝は、道家の号する所の太上老君なる者なり。

（『全唐文』巻四一）

とあるが、ここの「道家」は天師道を指している。あるいは「禁屠宰勅」には、

道家の三元、誠に科誡有り。朕は嘗て精意あり、禱《いの》ること亦た久し。而も初め未だ福を蒙らず、念は茲に在らず。今月十四日十五日是れ下元斎日、都内の人応《まさ》に屠宰有るべし。……是の日並びに宰殺漁猟等と、肉の料食とを兼ぬるを停めよ。今より已後、両都及び天下の諸州、毎年の正月

七月十月の〔三〕元日には、十三〔日〕より起して十五〔日〕に至るまで、兼ねて宜しく禁断すべし。（『全唐文』巻三五）

とあるが、この勅令は天師道の三元日における屠殺の禁止を述べているので、「道家」は天師道を指す。「賜益州長史張敬忠勅」には、

蜀州の青城には、先に常道観有り。其の観の置く所、元は青城山中に在り。飛赴寺の僧有り、奪いて以て寺と為すと聞く。州は既に在郷の節度をして検校し、相侵さしむること勿《なか》らしむ。観は道家に還し、寺は山外の旧所に依り、道仏の両所、各々区分有らしむ。（『全唐文』巻三五）

とあるが、ここの「道家」は青城山にある道観の所有者を指しているので、同じく天師道の意味である。

また玄宗の時の人である徐太享「丈人祠廟碑」にも「道家」が次のように見える。

夫の丈人山は、本は青城山なり。周回二千七百里、高さ五千一百丈なり。即ち、道家の第五の宝仙九室の天なり。黄帝拝されて五嶽丈人と為る。因りて以て称と為す。……仙都衆妙の奥、福地会昌の域にして、張天師の羽化の処なり。（『全唐文』巻三五一）

ここでは天師道の教祖張天師（張陵）の羽化登仙の場所である丈人山を指して「道家の第五の宝仙九室の天なり」と述べているので、この「道家」も天師道の意味である。

以上のほかにも、唐代の史料には「道家」が天師道の意味で用いられている用例が数多くあるが、

唐代の「道家」の用例のなかでそれが道教信奉者を指す「道家」の場合には、そのすべてが天師道の意味に解釈できる。これは、唐代の道教の信奉者が天師道であったからである。道教の信奉者が天師道であれば、道教信奉者の「道家」が天師道を指すのは当然であろう。

（２）「道教」と天師道

唐代には所謂道教という宗教を指して、「道教」と呼んでいる。そしてこの「道教」は仏教を意味する「釈教」や「仏教」の語と対比されて用いられることが多い。例えば、『唐会要』巻四十九の「僧道立位」に、

天授二年四月二日に至り、釈教は宜しく道教の上に在るべし、僧尼は道士の前に処るべし、と勅す。

とあり、これによると、則天武后の天授二年（六九一）に「道教」と「釈教」の序列を定める勅令が発布されるが、勅令にいう「道教」と「釈教」は道教と仏教を指す。通常、唐代の道教という場合には、この仏教と対比される「道教」を指すのである。

仏教と対比される宗教を指して「道教」と呼ぶことは六朝の劉宋の中頃過ぎから始まる。劉宋の天師道では元は上清派や葛氏道の経典であった、上清経や霊宝経や『三皇経』等を積極的に自派の経典の中に取り入れて、自派の経典全体を洞真・洞玄・洞神の三洞説によって三洞十二部に分類整理した。

そしてその聖典全体を総称して三十六部尊経と呼んでいた。劉宋の後半期になると、天師道ではこの三十六部尊経は神格の老子（大道）が説いた教えであると主張し、その教えを「道教」や「老教」と命名したのである。したがって、劉宋の天師道が唱えた「道教」や「老教」とは、「三十六部尊経に基づく老子（大道）の教え」を指していた[20]。換言すれば、「道教」や「老教」は劉宋の天師道が三洞説に基づいて作った宗教の名称であり、この宗教では三十六部尊経で説くすべての教えをその教義内容としていた。

仏教と対比される宗教の呼び名として用いられた、「道教」という宗教名の最も古い用例の一つは、顧歓『夷夏論』に見える「道教」である。この「道教」の用語は「道の説いた教え」の意味であり、この場合の「道」とは神格としての老子（太上大道・太上老君）を指す。つまり、『夷夏論』にいう「道教」とは「老子の説いた教え」の意味であり、それゆえ顧歓は『南斉書』顧歓伝の別の箇所で「道教」を「老教」とも呼んでいる[21]。

このように「道教」は、もともとは老子を崇拝する劉宋の天師道の道士たちが、三洞説に基づいて作った自分たちの宗教の名称として使用したものであるから、「道教」はその始めから、天師道の出家道士や在家信者が信奉する宗教の名称であったのである。換言すれば、「道教」の信奉者はその始めは天師道の出家道士や在家信者であったのである。陳の馬枢『道学伝』巻七・陸修静の項（『三洞珠嚢』巻二所収）に見える「宋の明帝（在位四六五―四七二）は道教を弘めんと思い、広く名徳を求む」や「先生乃ち大いに法門を敞《ひろ》め、深く典奥を弘む。朝野意を注ぎ、道俗帰心す。道教の興るや、斯《ここ》において盛んと為る」の「道教」は、天師道の道士である陸修静が信奉していた宗教を指している。そして六朝時代には「道教」の信奉者である天師道の出家道士や在家信者をまとめて「道家」と呼んでいたのである。

劉宋の中頃以降の六朝時代には「道教」や「道家」の観念(22)がこのような意味で用いられているが、唐代の「道教」と「道家」も基本的にはこの意味を継承している。つまり、唐代の「道教」も天師道の「道家」が信奉する宗教の名称であった。

そこで唐代の「道教」が果たして天師道の宗教であるのか否かを、具体的に史書の上から検証してみたい。

『隋書』経籍志巻四の道経の條には、「道教」について比較的詳細な解説がある。この解説の前半部には、霊宝経に基づく宇宙論や、道士の受法のカリキュラムや、符籙の伝授法や、黄籙斎・玉籙斎・金籙斎・塗炭斎等の斎の儀礼や、上章や醮の儀式や、仙薬の服食、等が説かれている。これらは皆、『隋書』経籍志の編纂された唐代初期に行われていた道教思想や当時の道教教団で実施されていた道士の受法のカリキュラムや儀礼を簡潔に述べたものである。この解説の内容から、唐代初期の道教が天師道の信奉する「道教」であったことがわかる。但し、道士の受法のカリキュラムを述べる箇所は少し説明を要するように思われる。道士の受法のカリキュラムについて「其の受道の法、初め五千文籙を受く。次に三洞籙を受く。次に洞玄籙を受く。次に上清籙を受く」と記されているが、ここに云う「三洞籙」とは実際には洞神籙を指すようである。なぜならば、三洞籙とは洞神籙・洞玄籙・洞真籙の総称であるが、以下に洞玄籙、上清籙（洞真籙）と続くのを見ると、三洞籙の最初の洞神籙をいう代わりに「三洞籙」と表記したものと推測されるからである。五千文籙、洞神籙、洞玄籙、洞真籙（上清籙）の受道のカリキュラムは最初の正一籙が欠けているだけで、受道の経籙の順位はまさに天師道の道士の受法のカリキュラムに合致する。したがって、受道の法の記載も唐代初期の天師道の道士の受法のカリキュラムに基づいていることはほぼ間違いないであろう。

また、『大唐六典』巻四・祠部郎中員外郎の「道教」の條には、「道教」についての注記が附されている。そこでは、冒頭に「其の法、老子に出づ」とあり、「道教」が老子に始まることを述べている。次いで、『老子』の「道」の観念とその「道」を信奉する者が長生不死に至れること、また神格としての「道」（老子）が天上界のすべての神々を統率していること、更に「道」には金玉を溶かして仙薬を作る術や符水を用いて災禍を消滅させる術、等の道術によって鬼神を駆使できる能力があること、あるいは天上界の天宮とそこに居住する神々のことが記されており、最後に全体を締め括って、次のようにいう。

蓋し、老子は殷末に生まれ、周に在りては守蔵吏の柱下史と為り、道書五千言を作為す。其の要は清静に在り。理国立身の要は、……(23)に出づ。後漢の張道陵、天師と号して其の化を闡《せん》揚するに至り、四海に周《あま》ねき者、以て其の徳を顕《あらわ》す。

『大唐六典』巻四・祠部郎中員外郎の「道教」の條の注記は、『魏書』釈老志の寇謙之に関する記載に多く基づいているが、全体としては「道教」の教主である老子とその老子の説いた「道」を説明しており、特に最後に後漢の張道陵（張陵）によって「道」（老子）の教えが広まったと述べて、張道陵（張陵）を称える点において、この記述が天師道の「道教」を称えるのを目的にして書かれていることが知られよう。「道」や天宮の説明において『魏書』釈老志の記述が用いられているのも、注記の作者が北魏・寇謙之（三六五－四四八）の新天師道の思想を天師道の思想と誤解したために起きたことであって、注記そのものはどこまでも玄宗皇帝の時代の道教である、天師道の「道教」について解説することを意図しているのである。尚、北魏の寇謙之は唐代には天師道の道士と見なされていたので、『大唐六典』の編纂者が寇謙之の新天師道の思想を天師道の思想と混同したとしてもやむを得ないことである。

『大唐六典』巻四・祠部郎中員外郎での「道教」の解説が、天師道の信奉する「道教」を想定して書かれているのは、祠部郎中員外郎の掌る「道教」が上清派道教ではなく、まさに天師道の「道教」であったことを意味している。『大唐六典』が編纂された、唐の玄宗の時代の道教は天師道の信奉する「道教」であった。『唐会要』巻五十の「雑記」に、

〔天宝〕六歳五月十三日、後漢の張天師は太師を冊贈せらる。梁の貞白先生陶弘景は太保を冊贈

せらる。

とあり、ここからも玄宗の尊崇していた道教が天師道の信奉する「道教」であったことがわかる。唐代の天師道の「道教」においては後漢の張陵は天師道の教祖として、梁の陶弘景は洞真部の上清経籙の最高の権威者として尊尚されていたので、玄宗皇帝が張陵に太師、陶弘景に太保を冊贈することは、玄宗が天師道の「道教」を信奉していたことを示すものである。更に、玄宗皇帝には「張天師賛二首」（『全唐文』巻四一）があり、これらの賛からも玄宗が天師道の張天師を崇拝していたことが知られる。尚、「雑記」（『唐会要』巻五十）には、

開元九年十二月、天台山道士司馬承員（禎の誤り）上言す、今五岳の神祠、山林の神は正真の神に非ざるなり。五岳には皆な洞府有り。上清真人有り、降りて其の職に任ず。山川の風雨、陰陽の気序は、是れの理《おさ》むる所なり。冠冕章服して神仙を佐《たす》け従う、皆な名数有り。別に斎祠の所を立てんことを請う。上、其の説を奇として、因りて五嶽に勅し、各々真君祠一所を置く。

という記事を載せている。五嶽における上清真君祠の設置は、あたかも唐王室が上清派道教を信奉していたことを示す徴証のようにも見えるが、[24]しかし司馬承禎は天師の称号をもつ天師道の最高位の道士であったから、当然上清経籙をも厚く尊崇しており、その司馬承禎が玄宗皇帝に上清真君祠を五岳に設置するように進言したとしても、何ら奇異ではない。むしろ、この記事は開元九年（七二一）頃の道教が三洞説に基づく天師道の「道教」であったことを示す証左となろう。

尚、玄宗皇帝の開元二十六年（七三八）の投龍簡(25)には次のように記されている。

夫れ唐の開元神武皇帝李隆基は、本命乙酉八月五日に降誕す。夙《つと》に道真を好み、神仙長生の法を蒙るを願う。謹んで上清の霊文に依り、刺《ふだ》を紫盖仙洞に投ず。位は君臨を忝くし、朝拝を獲《え》ず。謹んで道士孫智涼をして信簡を賫《もたら》し、以て聞かせしむ。惟《た》だ金龍駅伝せん。

太歳戊寅六月戊戌朔廿七日　甲子告文

これによると、玄宗皇帝は投龍簡を「上清の霊文」に依って行っているが、玄宗皇帝が「上清の霊文」すなわち上清経（『上清投簡文』か）に依拠したのは、玄宗皇帝が信奉していた天師道の「道教」では上清経を三洞部の最高の経典として尊尚していたからである。

また、『隋書』巻二十九地理志上の梁州の項には、次のような記事がある。

漢中の人、質朴にして文無く、甚だしくは利に趨《はし》らず。性は口腹を嗜み、多く田漁に事《つか》え、蓬室柴門と雖も、食は必ず肉を兼ぬ。鬼神を祀るを好み、尤も忌諱多く、家人に死有らば、輒ち其の故宅を離る。道教を崇重し、猶お張魯の風有り。五月十五日に至る毎《ごと》に、必ず酒食を以て相饋《おく》り、賓旅は聚会して、三元より甚だしき有り。

ここに漢中の人が「道教を崇重し、猶お張魯の風有り」と記しているので、唐代初期の四川の地域に流行した「道教」が、後漢・張魯の五斗米道の風習を残す天師道の「道教」であった、ということがわかる。

（3）「黄巾」と天師道

唐代初期の仏道論争で活躍した道士たちは、全員が天師道の道士であったようである。釈明概「決対傅奕廃仏法僧事幷表」（道宣『広弘明集』巻十二所収）で仏教徒の明概が道教信奉者の傅奕（五五四―六三九）を「傅奕は曽て道士と為り、身は黄衣を服するも、李老（老子）の無為の風に遵《したが》わず、専ら張陵の兵吏の法を行う」（大正五二・一六九b）と非難していることから、傅奕が天師道の道士であったことがわかる。また、仏道論争に参加した道士たちが、仏教側から「黄巾」という語を付して呼ばれていることからも、彼等が天師道の道士であったことが推測される。「黄巾」とは、道宣『集古今仏道論衡』巻乙に、

後漢書云う、張魯初め督義司馬と為り、遂に漢中の太守蘇固を掩殺し、斜谷を断絶し、漢の使者を殺し、専ら漢中に拠ること三十余載。黄巾を載せ、黄巾を服し、符書を造作し、以て百姓を惑わす。其の道を受くる者、米五斗を出す。世は米賊と号す。初め来たりて学ぶ者、名づけて鬼卒と為す。後に祭酒と云う。各々部衆を領す。夷俗信向す。（大正五二・三七二c）

とあるのによると、五斗米道の張魯が身に着けていた法服を指す。また、『集古今仏道論衡』巻乙の周高祖武皇帝将滅仏法有安法師上論事第一に「黄巾布衣は張氏より出づ。」（大正五二・三七二c）とあり、「黄巾」は張陵・張衡・張魯の三張の五斗米道に由来する法服と見られていた。

この「黄巾」の語を付して「黄巾李仲卿」（釈法琳「答李道士十異論」。大正五二・一七五c）や、

「黄巾蔡子晃・成玄英」（道宣『続高僧伝』巻三。大正五〇・四四三ａ）や、「黄巾西華観秦世英」（道宣『集古今仏道論衡』巻丙。大正五二・三八五ａ）と呼ぶのは、これらの道士を天師道の道士と見ているからであろう。このように、唐代初期の仏道論争で道教側を代表する道士たちが皆、天師道の道士であったということは、唐代初期の道教においては天師道の道士が中心的役割を果たしていたことを示していよう。更に、先に引用した釈明概の「決対傅奕廃仏法僧事幷表」に「今の道士は李老（老子）の参朝の服を著けず、乃ち張魯の乱国の衣を披る」と記している、あるいは道宣の『集古今仏道論衡』巻丙・太宗下勅道先仏後僧等上諫事第四に、

今の道士は其の法に遵《したが》わず。著る所の冠服は、並に是れ黄巾の余りなり。本より老君の裔に非ざるなり。三張の穢術を行い、五千の妙門を棄てて、反《かえ》って張禹に同じうし、漫《みだ》りに章句を行うなり。（大正五二・三八二ｃ―三八三ａ）

と記しているのを参照すると、唐代初期の道士（今の道士）は全員が天師道の道士であったようである。

四　道教の教団組織

唐代には、道教の道士は原則として出家道士であり、道観に居住していた。道士にはすべて自分の

帰属する道観があり、これを本観という。本観には所属する道士の名籍（簿籍ともいう）が登録されており、その名籍は『大唐六典』巻四・祠部郎中員外郎の道教の條に、

凡そ道士・女道士、僧尼の簿籍は亦た三年に一たび造る。

其の籍の一本は祠部に送る。一本は鴻臚に送る。一本は州県に留む。

とあるように、玄宗の頃には道士の名籍が三年に一度作られ、その簿籍が道士を管轄する役所の鴻臚寺と州県の役所に一本ずつ送られていた（祠部には僧尼の簿籍が送られていた）。名籍の作成は、『唐会要』巻五十の「雑記」に、

其の年（天宝八年）八月二十日、司封奏す。道士の籍は一載毎《ごと》に一度、長く恒式と為せ。

とあるのによれば、天宝八年（七四九）八月以降は一年に一度行われるようになったようである。名籍は非常に重要なものであり、政府の道士の管理はすべてこの名籍に基づいて行われた。道士への給田もこの名籍に基づいて、貞観二十二年の田令の改正以前は洞神道士以上の出家道士、改正以後は高玄道士以上の出家道士に対して行われていた。

道観を管理する役所は崇玄署であるが、唐の杜祐『通典』巻二十五・宗正卿によると、

大唐復た崇玄署を置く。初め又た寺観毎《ごと》に、各々監一人を置き、鴻臚に属さしめ、貞観中に省く。開元中に崇玄署を以て宗正寺に隷《ぞく》さしめ、観及び道士・女冠の簿籍、斎醮の事を掌る。

とある。これによると、崇玄署は唐の初めは鴻臚寺に属していたが、玄宗の開元中にその所管が宗正

寺に移っている。また、崇玄署は道観及び道観に居住する道士・女道士の簿籍（名籍）と道観で行われる斎醮の儀礼を管理していたようである。『旧唐書』巻四十四・職官志の宗正寺の項では崇玄署について、

崇玄署、令一人、正八品下。丞一人、正九品下。府二人、史三人、典事六人、掌固二人。令は京都の諸観の名数、道士の帳籍と、其の斎醮の事とを掌る。丞はこれに弐《つ》ぐを為す。

と記している。これによると、宗正寺の崇玄署という役所の長官が都の長安や洛陽の道観の名称とその数や、道士の名を記載した簿籍（名籍）、あるいは道観で行われる宗教儀式の斎醮の事を掌握していたという。

ここで注目すべきは、玄宗の開元年間に崇玄署を管轄する役所が宗正寺に移っていることである。宗正寺は皇室の一族を管理する役所であるから、開元年間に崇元署が宗正寺に移管されたのは、玄宗が道教を帝室の宗教と見なして特別に保護し、道士を皇帝の一族と同等に扱ったからである(26)。

玄宗の頃の各地の道観には道観ごとに観主と上座と監斎という役職の道士がそれぞれ一人ずつおり、この三人が道観内部の事を取り仕切っていたという。『大唐六典』巻四・祠部郎中員外郎には、

毎観、観主一人、上座一人、監斎一人、共に衆事を綱統す。而も道士の修行に三号有り。其の一は法師と曰う、其の二は威儀師と曰う、其の三は律師と曰う。其の徳高く、思い精《つまび》らかなるものは、これを練師と謂う。

とある。

天下諸州の道観に居住する道士は、唐代には全員が天師道の道士であった。そして一つの道観に三洞道士から正一道士に至るさまざまな位階の道士たちが共同生活をしていた。『正一威儀経』の受道威儀では、次のように、道館に居住する道士たちが道館内での登壇や行道や斎戒や講説を行う際に、あるいは居室の使用や日常生活の行住座臥において、法位の序列を乱してはならないと記している。

正一受道威儀。受道は各々法位の尊卑に依れ、叨謬《とうびゅう》するを得ず。即ち、俗人は清信弟子と坐を同じうするを得ず。清信弟子は清信道士と坐を同じうするを得ず。清信道士は正一道士と坐を同じうするを得ず。正一道士は高玄法師と坐を同じうするを得ず。高玄法師は洞神法師と坐を同じうするを得ず。洞神法師は洞玄法師と坐を同じうするを得ず。洞玄法師は洞真法師と坐を同じうするを得ず。洞真法師は大洞法師と坐を同じうするを得ず。登壇・行道、斎戒・講説、私房別室、行住坐臥において、此の位号を以て其の尊卑と為す。上中下の座は、宜しく相咨《はか》りて請益の決を白《もう》すべし。当に自ら謙下して法教を敬重すべし。威儀を損する勿かれ。

右のような、法位の序列の遵守を促す注意事項が『正一威儀経』の正一受道威儀に記されているのは、梁代初期の天師道の道館では清信道士や正一道士や高玄法師や洞神法師や洞玄法師や洞真法師や大洞法師が共同生活していたからである。唐代の道観も同様であったと見てよいであろう。もちろん、これらすべての位階の道士が常に一つの道観に揃って生活しているとはかぎらない。例えば、洞玄道士や洞神道士がたまたま居住していない道観もあったであろう。しかし、ここで誤解のないように注意しておきたいことは、道観に居住する道士はあくまでも全員が天師道の道士であるということである。天師道の道士の中の法位の違う道士が一つの道観で一緒に生活しているのであって、決して、上清派の道士や霊宝派の道士等が天師道の道士と共同生活していたというのではない。

唐代の道観の数は『大唐六典』巻四・祠部郎中員外郎の「道教」の條によれば、

凡そ天下の観、総じて一千六百八十七所なり。

一千一百三十七所は道士なり。五百五十所は女道士なり。

とある。これによると、唐の玄宗の頃には道観は中国全土に存在していたようであるが、天下諸州に存在する道観と道士はすべて天師道の道観であり、天師道の道士であった。では、なぜ天師道教団は中国全土に及ぶことができたのであろうか。これには幾つかの要因があると思われるが、何よりも、天師道教団では経籙の伝授が中国のどこででも行うことができたということが大きな要因である。三洞説を唱える天師道にとっては、三洞の経籙の伝授が可能であること、それが天師道の「道教」の伝播にとっては不可欠な条件であった。唐代の天師道では、経籙の伝授はその経籙を伝授できる資格をもつ道士がいれば、どこの道観でも行えたようである。洞真部の上清経籙の伝授も同様であり、茅山の道観でのみ上清経籙の伝授が可能であったのではなく、上清経籙の伝授資格をもつ三洞道士や洞真道士（大洞道士・上清道士）がいれば、全国のいずこの道観でも上清経籙を伝授できたのである。(27) 茅山から遠く離れた敦煌にも上清経籙を受けた三洞法師がいるのも、敦煌の道観でも上清経籙の伝授が可能であったからである。もし茅山に赴かなければ上清経籙が受けられなかったとすれば、上清経籙を受ける者はその都度茅山に出向かなければならないので、茅山から遠隔の地の道観に居住する道士は上清経籙を受けることが困難になる。それでは、茅山から遠く離れた地域の道観には上清経籙を受けた三洞道士や洞真道士（大洞道士・上清道士）の法位の道士が出現できないことになるので、三洞説に基づく天師道の「道教」が僻地にまで広まることはないであろう。天師道では三洞道士や洞真道士（大洞道士・上清道士）がいる道観ならば、どこの道観でも上清経籙の伝授が可能であったからこそ、中国全土で三洞道士や洞真道士（大洞道士・上清道士）が活動できるようになり、地方の道観でも天師道の「道教」を実践することができたのである。

五　むすび

以上により、唐代の道教は天師道の出家道士や在家信者が信奉する、天師道の「道教」であったこと、また唐代の道教教団は天師道の道観と道士のみによって構成されていたこと、更に唐代の道士の法位はすべて天師道の道士の位階制度に基づいていること、そして天師道の「道教」は唐代には中国全土に及んでいたこと、等が明らかとなった。換言すれば、唐代の道教には上清派（茅山派）や霊宝派や三皇派や高玄派や重玄派のような教派は存在しないこと、また唐代には上清派（茅山派）道教なるものも存在しないことが明らかとなった。そうすると、これまで世界の道教研究者の間で広く信じられてきた、唐代の道教の主流は上清派（茅山派）である、という学説は誤りであり、もはや成り立たないことになる。この学説は半世紀もの長きにわたり続いてきたが、それが崩れるとなると、その学説に基づいて構築されてきたこれまでの道教史のかなりの部分が修正、もしくは再構築される必要があろう。例えば、唐代の道教の教理史や道典の思想解釈はこれまでとは違ってくるはずである。また唐代の道教が天師道の「道教」であるとなれば、宋代の道教もこれまでの研究とは違った様相を呈してくるであろう。更に、従来の道教史の理解に基づいて研究されていた唐代の文学や思想や歴史の分野においても、あるいは唐の文化の影響を受けた日本の文学・思想・歴史の研究においても、少なからずの修正が必要になってくるように思われる。

（1）「真系」の序には「許謐」の名は見えないが、序には「李君より楊君に至るまで、十三世なり」（1b）と記されているので、許謐も上清経籙の伝授者の一人に数えられているものと推測される。
（2）本書第三章及び拙稿「上清経籙の伝授の系譜の成立について」（『早稲田大学大学院文学研究科紀要』巻四七輯・第一分冊、二〇〇二年三月）、拙著『中国の道教』（創文社、中国学芸叢書、一九九八年七月）第三章四　唐の「道教」、を参照。
（3）「真系」の系譜を上清派の系譜と解釈する学説は、一九五〇年頃に始まる。本書の「前言」及び宮川

尚志「唐室の創業と茅山派道教」（『仏教史学』第一巻第三号、一九五〇年）、同著「茅山派道教の起源と性格」（『東方宗教』創刊号、一九五一年）を参照。

（4）本書第二章あるいは拙稿「天師道における受法のカリキュラムと道士の位階制度」（『東洋の思想と宗教』第十八号、早稲田大学東洋哲学会、二〇〇一年三月）を参照。

（5）本書第二章あるいは注（4）に掲載の拙稿を参照。

（6）本書第二章あるいは注（4）に掲載の拙稿を参照。尚、唐初の天師道の編纂と推測される『赤松子章暦』巻四の「上清言功章」には「皇老は生を好み、太上は殺を悪み、臣に気命を賜りて、今日に逮及す。仰ぎて太陽の恩を受け、謬《あやま》りて師道の沢を蒙り、治籙を賜り署せられ、進みて老君道徳五千文尊経・洞神・洞玄・洞淵・洞真等の法を叨《たまわ》る」（二〇b）とある。これにより、唐代初期の天師道の道士の受法のカリキュラムがわかる。しかし、ここには誤写があるようであり、本来は「洞淵」は「洞神」の前に置かれていたものと推測される。道蔵本『赤松子章暦』には誤写が比較的多いので、この箇所も誤写と見てよいであろう。すなわち、この上章文により、唐初の天師道の道士は初めに正一部の治籙を受け、次いで太玄部、洞淵部、洞神部、（昇玄部）、洞玄部、洞真部の経籙を受けていたことが確かめられるのである。

また、『赤松子章暦』巻五の「三会言功章」には「某は千生の慶幸により、玄風に値遇し、忝くも道門を窃み、身は冠褐を披り、師尊を蒙りて開度せられ、法籙を賜りて以て身を匡し、正一の初階を忝《かたじけな》くして、上清の極境に遷る」（九a）とあり、これによっても唐初の天師道の道士の受法のカリキュラムが正一の経籙に始まり、上清の経籙で終るものであったことが確かめられる。

更に例証を挙げれば、唐の呉筠『宗玄先生玄綱論』（HY一〇四六）学則有序章第十一の冒頭に「道は無方と雖も、学は則ち序有り。故に正一に始まり、洞神に次ぎ、霊宝に棲み、洞真に息む」とある。呉筠は『旧唐書』巻百九十二の呉筠傳に「〔呉筠〕乃ち嵩山に入り、潘師正に依りて道士と為り、正一の法を伝えらる。苦心鑽仰して、乃ち尽く其の術に通ず」とあるように、潘師正から正一の法を伝えられた天師道の道士である。したがって、呉筠が述べる、正一・洞神・霊宝（洞玄）・洞真の修学の順序は唐代初期の天師道で行われていた受法のカリキュラムに基づくものであろう。但し、正一の次に太玄の修学が入っていないのは、文章表現上の修辞によるものであろう。

(7)　本書第二章あるいは注(4)に掲載の拙稿を参照。

(8)　道蔵本『赤松子章暦』巻四の「遷達先亡言功章」には「上清三洞三景弟子」とあるが、「三」は「大」の誤写であろう。

(9)　注(2)に掲載の拙著（二八五―二九三頁）を参照。

(10)　道士の法位名が記載されている唐代の碑や墓誌や題記を列記すると、次の通りである。法位名は（　）内に示す。

西山観造像題記（三洞弟子、三洞道士、三洞真一道士、洞玄道士、高玄道士）。唐国師昇真先生王法主真人立観碑（三洞弟子）。洞玄弟子弁法遷造天尊像題記（洞玄弟子）。益州至真観主黎君碑（三洞法師）。岱岳観碑（二）（大洞三景法師）。岱岳観碑（四）（三洞道士）。岱岳観碑（八）（大洞参景弟子）。龍興観道徳経碑額幷陰側題名（三洞弟子）。張探玄碑（大洞三景法師）。玉真公主受道霊壇祥応記（上清玄都大洞三景法師、三洞煉師）。景昭法師碑（三洞法師）。北岳真君叙聖兼再修廟記（上清道士、洞神道士）。唐石灯記（上清三洞道士、三洞道士、上清弟子）。永仙観碑（三皇内景弟子）。華陽三洞景昭大法師碑幷序（三洞法師）。岱岳観碑（二六）（大道弟子）。岱岳観碑（二七）（上清玄都大洞三景弟子、三洞法師）。中条山靖院道堂銘幷序（大洞女道士）。三聖記碑（上清玄都大洞三景弟子）。白雲先生坐忘論（上清三景弟子）。霊宝院記（正一弟子）。大唐王屋山上清大洞三景女道士柳尊師真宮志銘（上清大洞三景女道士）。北岳真君叙聖兼再修廟記（上清道士、洞神道士）。天柱観記（上清道士）。秦温売地券（大道弟子）。太湖投龍記（大道弟子）。

以上、陳垣編纂『道家金石略』（文物出版社、一九八八年六月）所収。

仙雲観武徳造像題記（三洞弟子）。仙雲観大業造像題記（三洞道士）。弁法遷造像題記（洞玄弟子）。益州至真観主黎君碑（三洞法師）。

以上、『巴蜀道教碑文集成』（四川大学出版社、一九七七年一二月）所収。

大唐麟趾観三洞大徳張法師墓誌（三洞法師）。大唐大弘道観主故三洞法師侯尊誌文（三洞法師）。「故大洞法師斉国田仙寮」墓誌（大洞法師）。大唐故東京大弘道観三洞先生張尊師玄宮誌銘幷序（三洞法師）。聖真観故鄭尊師誌銘（大洞〔法師〕）。唐茅山燕洞宮大洞錬師彭城劉氏墓誌銘幷序（大洞〔法師〕錬師）。

以上、『唐代墓誌彙編』（上海古籍出版社、一九九二年一一月）所収。

唐大明宮玉晨観故上清大洞三景弟子東嶽青帝真人田法師玄室銘幷序（上清大洞三景弟子、三洞法主（師の誤りか））。唐故内玉晨観上清大洞三景法師賜紫大徳仙官銘幷序（上清大洞三景法師）。

以上、『唐代墓誌彙編続集』（上海古籍出版社、二〇〇一年一二月）所収。

上記の法位名のうち「大道弟子」は天師道の在家信者の法位である。

(11)　『洞玄霊宝三師記』の著者は劉処静（？―八七三）ではなく、杜光庭（八五〇―九三三）であろう。『道蔵提要』（中国社会科学出版社、一九九一年七月）の「洞玄霊宝三師記」（三二八―二九頁）及び本書第三章注(2)を参照。本書では『洞玄霊宝三師記』の著者を劉処静（杜光庭）と表記する。

(12)　大淵忍爾著『敦煌道経　図録編』（福武書店、一九七九年二月）所収。

(13)「久志局」の三字は衍字であろう。
(14)『洞玄霊宝三師記』には田虚応について「武宗皇帝は徴して天師と為し、国に入りて道を伝えしむ」(三b)と記しているが、これを参照すると、「天師」の称号は皇帝から授与されたようである。
(15)『唐令拾遺』(東京大学出版会。一九三三年三月)田令第二十二・二四〔開七〕〔開二五〕、『唐令拾遺補——附唐日両令対照一覧』(東京大学出版会。一九九七年三月)田令第二十二—田令第九・二四〔開七〕〔開二五〕に見える。
(16)道端良秀『唐代仏教史の研究』(法蔵館。一九五七年初版、一九六七年再版)第五章第三節二　均田法による僧田、参照。
(17)滋野井恬「唐代の僧道給田制について」(『唐代仏教史論』所収。平楽寺書店。一九七三年一二月)参照。
(18)後漢の張陵に始まる神仙道を「五斗米道」と呼ぶ。五斗米道は六朝・隋唐期及びそれ以降も活動しているが、本書では後漢より東晋末までの五斗米道を「五斗米道」と呼び、劉宋初以降の五斗米道を「天師道」と呼んでいる。
(19)拙稿「顧歓『夷夏論』における「道教」について——中嶋隆藏博士の所論に反駁す」(『早稲田大学大学院文学研究科紀要』巻四六輯・第一分冊。二〇〇一年三月)参照。
(20)注(2)に掲載の拙著『中国の道教』第二章「道教」の成立、及び注(19)に掲載の拙稿を参照。
(21)注(19)に掲載の拙稿を参照。
(22)「道家」と「道教」の関係については、福井文雅氏に一連の研究があり、それらの論稿は福井文雅『道教の歴史と構造』(五曜書房、一九九九年一一月)の第一章　道教(道家)の構造とその成り立ち、第

二章　道家と道教の系譜とその問題点、第三章　道教（道家）についての公式見解――「四庫全書総目提要」「道家類叙」訳注、に収められている。但し、「道家」と「道教」の意味については、筆者は福井文雅氏とは見解を異にする。しかしここで見解の相違について詳しく述べる余裕はないので、次の三点だけを指摘しておきたい。第一の点は、「道教」は「道（老子）の説いた教え」の意味であるということ、第二は、「道教」の信奉者の「道家」は天師道を指すということ、第三は、「道家」が「道教」と同義で用いられるのは、「道家」が天師道を指す意味で用いられた場合だけに限定されており、「道家」が天師道以外の意味の場合には、「道家」と「道教」ははっきりと区別されている、ということである。

(23)　……の箇所には脱字があろう。

(24)　吉川忠夫「唐代巴蜀における仏教と道教」（吉川忠夫編『唐代の宗教』所収、朋友書店、二〇〇〇年七月）一五四、一五五頁、参照。

(25)　玄宗皇帝の開元二十六年の投龍簡は、現在、中国の貴州省博物館に保管されている。著者は二〇〇二年八月に中国社会科学院歴史研究所の王育成教授よりその写真を寄贈された。ここに記して王育成教授に謝意を表す。

(26)　卿希泰主編『中国道教史』（修訂本）第二巻第五章（一〇二、一〇三頁）参照。

(27)　上清経籙が茅山以外の土地の道観でも伝授できたことは、以下の事例から確かめられる。「王屋山劉若水碑」（『道家金石略』所収）によれば、劉若水は東岳泰山の日観台で任尊師より上清経籙を受けている。あるいは「大唐大弘道観主故三洞法師侯尊誌文」（『唐代墓誌彙編』開元〇七六所収）によれば、侯敬忠は中岳嵩山の太一観で劉合尊師より上清経籙を受けている。「大唐王屋山上清大洞三景女道士柳尊師真宮志銘」（『道家金石略』所収）によれば、劉尊師は南岳衡山で上清大洞三景畢籙を受けている。また「唐大明宮玉晨観故上清大洞三景弟子東嶽青帝真人田法師玄室銘幷序」（『唐代墓誌彙編続集』大和〇一九所収）によれば、田法師は京兆の開元観で三洞法主呉君より上清真訣を受けている。

第二章　天師道における受法のカリキュラムと道士の位階制度

一　はじめに

唐の道士朱法満撰[1]『要修科儀戒律鈔』（HY四六三）巻十五と巻十六には朱法満編『道士吉凶儀』が収められている。『道士吉凶儀』の朱法満の序によれば、梁の道士孟景翼（大孟先生）が作成した《喪礼儀》と、同じく梁の道士の孟智周（小孟先生）が孟景翼の《喪礼儀》に重要な事項を補充して、新たに編纂した《喪礼儀》と、石井公の作成した《喪礼儀》と、張続先生が制作した《喪礼儀》とを、朱法満が照合してその異同を調べ、更にそれに注記を加えて一巻に纏めたものが『道士吉凶儀』であるという。

『道士吉凶儀』は通啓儀第一、吊喪儀第二、疾病儀第三、初死小殮儀第四、入棺大殮儀第五、成服儀第六、送葬儀第七、安霊儀第八、弟子還観儀第九、除服儀第十から構成されている。疾病儀第三以下の喪礼に関する部分の記載は孟景翼と孟智周の二孟の見解が基本になっているので、『道士吉凶儀』によって二孟の時代の道士の喪礼の儀式について詳しく知ることができる。[2]

小稿は初めに、『道士吉凶儀』成服儀第六に見られる「五服」の喪服制度を分析して、梁代初期の天師道教団で行われていた道士の受法のカリキュラムと道士位階制度について考察する。[3]この分析においては『道士吉凶儀』入棺大殮儀第五に載せる「道士移文」や『要修科儀戒律鈔』巻九・坐起鈔に所引の「盟威法師喪服儀」をも参照する。続いて、天師道教団における道士の受法のカリキュラムと道士の位階制度の変遷を、梁代から北宋初期までにわたって見てみたい(4)。

二　梁代初期の天師道の道士の受法のカリキュラム

一　朱法満編『道士吉凶儀』成服儀第六では道士の喪服が緦麻・小功・大功・斉衰・斬衰の「五服」に分類されている。この「五服」の区別は死亡した師（以後、亡師と呼ぶ）から伝授された経籙の違いによって、孝子である弟子の喪服の期間が五段階に分けられている。緦麻に服する者は亡師から治籙を伝授された者であり、服喪期間は三か月である。緦麻に服する道士が亡師から生前に受けた治籙について、成服儀の冒頭で次のように述べている。

治を受くるは、満籙の三五・元命及び八巻十籙を以てす。

ここで緦麻に服する道士が亡師から治籙を受けていることが注意される。治籙を受けて道士になるのは天師道教団に特有の入門の儀式であるから、緦麻に服する道士は皆、天師道の道士である。緦麻に服する道士が天師道の道士であるということは、同じ亡師の恩に報いるために服する小功や大功や斉衰や斬斉の道士も皆、天師道教団の道士であることを示唆している。また、天師道の道士に治籙を授けた亡師も天師道の道士のはずである。『道士吉凶儀』の入棺大殮儀に載せられている「道士移文」では、亡師が「某州郡県郷里観舎男女官三洞弟子某甲」という称号で呼ばれていて、ここに「男女官三洞弟子」とあるところから、亡師が三洞説を唱えた天師道の道士であることが確かめられる。また『道士吉凶儀』では喪礼の導師も天師道の道士である。それは入棺大殮儀の「章法」の條で導師が「某州縣郷里男生大洞弟子云々・泰玄都正一平気云々」という称号で呼ばれていて、ここに「泰玄都正一平気」(5)という天師道に特徴的な法位が見えるところから明らかに知られる。つまり、『道士吉凶儀』で述べる喪礼では死亡した道士(亡師)も、喪に服する孝子(弟子の道士)も、儀式の導師も、全員天師道の道士である。このことから、『道士吉凶儀』の喪礼は天師道教団で行われていた道士の喪礼を記したものであることがわかる。入棺大殮儀では天師道の教法である三帰依(三宝への帰依)や章法(上章の法)の儀式が実施されており、このことからも『道士吉凶儀』の喪礼が天師道の道士の喪礼であることが確かめられよう。

さて、成服儀では緦麻に服する道士(孝子)が亡師から伝授された治籙の種類について、上記の文の後で次のように説明している。

八巻とは、定志券・昇玄券・売子券・乞児券〔と上清の四券なり〕。
上清の四券とは、血液券・神仙券・大度券・通霊券なり。
十籙とは、満籙の三五籙と元命籙を除くの外に、更に斬邪籙・破殗〔籙〕・百鬼召籙・都章畢印籙・九州社令籙・太玄四部籙・河図籙・青甲籙・東野大禁籙・十将軍籙有り。

右の解説に続いて、

右の件、小孟の儀に依る。大孟の若きは八巻十籙無し。

とあるから、孟智周（小孟）の《喪礼儀》のなかの喪服儀では、入門した道士に伝授される治籙として三五籙と元命籙と八巻十籙が載せられているが、孟景翼（大孟）の《喪礼儀》のなかの喪服儀には、八巻十籙は含まれていなかったようである。

次に、小功に服する者（孝子）は亡師から次の経籙を伝授された道士である。

五千文、大誡百八十律、真誥、五嶽、六甲、禁山。

これに続いて、

右の件、二孟は制を同じうす。小功の五月、男女十一升の布を裳と為し、十二升の布を冠と為す。

とある。ここに「右の件、二孟は制を同じうす」とあるので、小功に服する道士が亡師から伝授された経籙の種類は、孟景翼の喪服儀においても、それを補足した孟智周の喪服儀においても、同じであったことがわかる。そうすると、梁の陶弘景の編纂した『真誥』が二孟の喪服儀には既に載せられていたことになるので、この記載は孟景翼と孟智周の《喪礼儀》の成立年代を推測するうえで貴重である。麦谷邦夫氏が作成した「陶弘景年譜考略（上）」(6)によると、『真誥』に注が付されたのは南斉の建武五年（四九八）ないし永元元年（四九九）であり、『真誥』は遅くとも永元二年（五〇〇）までには完成していたとあるので、孟景翼の《喪礼儀》も孟智周の《喪礼儀》も、永元二年以後に作成されたものと推測される。孟景翼と孟智周の没年は不明であるが、二人とも劉宋・南斉期に活躍して梁代に死亡した天師道の道士である。陳の馬枢『道学伝』の孟景翼伝（『太平御覧』巻六六六所引）によると、梁初の天監二年（五〇三）に大小の「道正」が設置され、孟景翼は「大道正」になったようであるから、あるいはこの頃に孟景翼は道士の喪礼の規範を定めるために《喪礼儀》を作ったのではあるまいか。少なくとも、孟景翼と孟智周の《喪礼儀》は梁の初期に作成されたと見て大過なかろう。

次の大功に服する道士が亡師から伝授された経典・符籙は次の通りである。

自然、中盟、三皇、五符、七伝、宝神、等の経符。宝神とは、即ち洞神経なり。

続いて

右の件、二孟は制を同じうす。大功九月に服す。男女は七升の布を衣と為し、十一升の布を冠と為す。

とあるから、右の伝授経籙の内容は二孟の間で一致していた。

更に、斉衰に服する道士が亡師から伝授された経籙は、次の通りである。

霊宝大盟、真経、三品、三籙、三奔。

真経・三品・三籙・三奔それぞれについて、次のような解説が付されている。

真経とは、即ち上清大洞真経なり。

三品は、是れ上清の受道経なり。二品と経目有り、合して三十五巻。

〔三籙とは〕一に八素曲辞籙、二に上皇玉籙、三に三天正法籙を謂う。
〔三奔とは〕日奔・月奔・星奔の三奔、即ち是れ三景なり。上清の三奔を受けて玉清景・上清景・太清景に登上す。今、三奔を受けて三景弟子と称するを得。

この文の後に、

右の件、二孟は制を同じうす。斉衰の期（一年）に服す。男女は四升の布を衣と為し、七升の布を冠と為す。心喪三年、讌楽に従わず。

とあるので、右の伝授経籙は二孟とも同じであったことがわかる。

更に続いて、

若し前来の五千文・自然・大盟等の三條中の経法同じく是れ一師より受くれば、皆な斬衰三年に服し、極重の制に従う。飲食・言語・観聴・寝処、皆な孝子の本儀に依る。竟らば、則ち吉に服し余禫《たん》無し。

とある。これによると、斬衰三年に服する者は亡師から五千文の條の「五千文、大誡百八十律、真誥、五嶽、六甲、禁山」と、自然の條の「自然、中盟、三皇、五符、七伝、宝神、等の経符」と、大盟の條の「霊宝大盟、真経、三品、三籙、三奔」の経典や符籙とを、すべて伝授された者である。

以上見てきたように、「五服」では亡師から受けた恩の深浅によって弟子（孝子）の喪に服する期間が五段階に分けられている。そして亡師の恩の深浅は、亡師から伝授された経籙の違いによって区別されている。つまり、絲麻三月に服する弟子（孝子）は亡師から治籙の條の諸籙を受けただけの道士であり、小功五月に服する弟子（孝子）は亡師から五千文の條の諸経籙を受けた道士であり、大功九月に服する弟子（孝子）は亡師から自然の條の諸経籙を受けた道士であり、斉衰一年に服する弟子（孝子）は亡師から大盟の條の諸経籙を受けた道士であり、斬衰三年に服する弟子（孝子）は亡師から五千文の條と自然の條と大盟の條の、諸経籙のすべてを伝授された道士である。

「五服」では亡師から伝授された経籙の違いによって、服喪期間に長短の差をつけているが、これは亡師からいかなる経籙を伝授されたかによって、亡師から受けた恩に違いがあるからである。弟子が亡師から重要な経籙を授かれば授かるほど、当然それだけ亡師から受けた恩は重くなる、と考えられている。斬衰三年の喪に服する道士は、亡師から五千文、自然、大盟の三條の諸経籙すべてを授かったのであるから、亡師から受けた恩は特別に重く、この篤き恩に報いるためには服喪期間としては最長の斬衰三年の喪に服さなければならないのである。

重要な経籙とは、一体に経籙の内容のレベルが高い経籙であるから、服喪期間の長い弟子が授かる経籙ほどレベルの高い経籙と言える。つまり、絲麻三月に服する弟子が受けた治籙の條の諸籙よりも、小功五月に服する弟子が受けた五千文の條の諸経籙の方がレベルが高く、更に大功九月に服する弟子の受けた自然の條の諸経籙は五千文の條の諸経籙よりも一段高いレベルの経籙であり、そして斉衰一年に服する弟子の受けた大盟の條の上清の諸経籙が最高のレベルの経籙である。

こうして見てくると、「五服」における治籙、五千文、自然、大盟の條の順位は経籙のレベルの順位を表していることがわかる。そして同時に、経籙のレベルの順位は道士の受法の順位でもある。天師道に入門した道士は先ず経籙としては最も初歩のレベルの治籙を師より受ける。その後修学が進むにつれて、次により高いレベルの五千文の條の諸経籙を師より受ける。更に修学が進むと、自然の條の諸経籙を師より受ける。そして最後に、最高のレベルの大盟の條の諸経籙を師より受けるのである。

このように修学の段階に応じて新しい條の諸経籙を受けるのであるから、受けた経籙の種類によって修学のレベルもわかり、同時にその道士の地位もわかるのである。つまり、治籙の條、五千文の條、自然の條、大盟の條の順位は天師道に入門した道士が順次に修学していく受法のカリキュラムであると同時に、それぞれの條の諸経籙を受けた道士の位階の順位でもある。

二　成服儀の「五服」に示された経籙の各條の順位はそのまま天師道の道士の受法の順位を示していることが、『要修科儀戒律鈔』巻九・坐起鈔に所引の「盟威法師喪服儀」の次の文からも確かめられる。

盟威法師喪服儀に云う、受法は下より高きに之《ゆ》く。各々次位有り。治籙・老君・自然・五法・中盟・大盟・上清を受く、と。即ち、上清を以て極と為す。

盟威法師とは正一盟威の道を信奉する天師道の法師を指す総称であるから、盟威法師の喪服儀である「盟威法師喪服儀」は天師道の道士の喪服儀を述べたものである。また、ここに云う「治籙」「老君」「自然」「五法」「中盟」「大盟」「上清」とは法目の名称であって、「五服」における治籙の條、五千文の條、自然の條、大盟の條、等に相当するものであるから、それぞれの法目の中には法目名の経籙だけでなく、他の関連する経籙も含まれている。

「盟威法師喪服儀」では受法の次第を、治籙・老君・自然・五法・中盟・大盟・上清の法目順に七段階に分けているが、この順番は経籙のレベルの順位でもある。経籙のレベルとしては最初の治籙が最も低く、最後の上清が最も高い。それゆえ、朱法満は「即ち、上清を以て極と為す」と記すのである。

「盟威法師喪服儀」の受法の次第と、先の二孟の喪服儀の「五服」に見られる受法の次第とを対照すると、「盟威法師喪服儀」には五法と中盟と上清の法目が加わっているが、他の治籙・老君（五千文）・自然・大盟の法目は両者とも順番も同じである。そして五嶽・六甲・禁山・三皇・五符の「五法」は、二孟の喪服儀では五千文の條と自然の條に分けて入れられており、「中盟」は自然の條の「自然」の後に置かれており、「上清」は大盟の條の「大盟」の後に収められているから、伝授される経籙の法目の順位は「盟威法師喪服儀」と二孟の喪服儀とでは「五法」以外はまったく同じである。そうすると、二孟の喪服儀の「五服」で、「五法」が二分されて五千文の條と自然の條に収められているのも、あるいは「中盟」が自然の條の中に入れられているのも、あるいは「上清」が大盟の條に合併されているのも、結局は「盟威法師喪服儀」の受法のカリキュラムの七段階の法目を、「五服」の喪服制度に合わせるために、四段階に改編する必要があったからであると推測される。換言すれば、梁初の天師道では通常の受法のカリキュラムは、「盟威法師喪服儀」のように、治籙・老君（五千文）・自然・五法・中盟・大盟・上清の七段階の法目に分けられていたものと推測される。

三　天師道の受法のカリキュラムと三洞四輔説

一　梁初の天師道の受法のカリキュラムを見てきて明らかに知られることは、受法のカリキュラムが三洞四輔説に基づいていることである。そこで受法のカリキュラムと三洞四輔との関係について少しく述べてみたい。

受法のカリキュラムの中には三洞部の経典である洞真部の上清経も、洞玄部の霊宝経も、洞神部の三皇経も含まれている。そしてこれらの三洞部の経典の学習の順番は、初めに洞神部の『三皇経』、次に洞玄部の霊宝経、最後に洞真部の上清経である。この修学の順番は経典のレベルの高下を表しており、三洞部の経典の中では、初めに学ぶ洞神部の『三皇経』が最も低く、次に学ぶ洞玄部の霊宝経が中位であり、最後に学ぶ上清経が最高のレベルと見なされている。

三洞部のなかで、洞真部の上清経を上位、洞玄部の霊宝経を中位、洞神部の『三皇経』を下位のレベルに位置付けるのは、天師道の受法のカリキュラムに四輔説の影響があるからである。四輔説は三洞部の経典分類を輔佐するために、新たに太玄部・太平部・太清部・正一部の経典分類項目を作成し、道教経典全体を三洞四輔の七部に分類するという方法である。『道教義枢』(HY一一二一)巻二・七部義に所引の「正一経図科戒品」によると、

太清部は洞神部を輔し、金丹已下の仙品なり。太平経は洞玄部を輔し、甲乙十部已下の真業なり。太玄経は洞真部を輔し、五千文已下の聖業なり。正一法文は道徳を宗《たっと》び、三洞を崇《とうと》び、徧《あまね》く三乗を陳《の》ぶ。(巻二・二〇a)

とあり、四輔説では太玄部・太平部・太清部の三太がそれぞれ三洞部の洞真部・洞玄部・洞神部の三洞を輔佐し、正一が三洞全体を輔佐すると説く。更に、『道教義枢』巻二・七部義に所引の「正一経」に、

正一云う、三洞は三と雖も、兼ねて之れを該《つ》まば、一乗道なり。太玄を大乗と為し、太平を中乗と為し、太清を小乗を為し、正一は三乗に通ずるなり。(巻二・二〇b)

と説くように、洞真部を輔佐する太玄部が大乗、洞玄部を輔佐する太平部が中乗、洞神部を輔佐する太清部が小乗、そして三洞部全体を輔佐する正一部が一乗、と価値付けされている。

三洞説の成立当初は三洞部の間にレベルの格差はなかったようであるが、(7) 劉宋末・南斉期に四輔説が形成されると、(8) 四輔説の影響を受けた三洞説では三洞部の間に序列が形成され、洞真部が上位、洞

玄部が中位、洞神部が下位という経典のレベル評価が定まった。「盟威法師喪服儀」で三洞部の経典のうち、初めに「五法」の『三皇経』、次に「中盟」の霊宝経、最後に「上清」の上清経が伝授されているのは、梁初の天師道の受法のカリキュラムでは三洞部の経典の序列が四輔説に基づいて定められているからである。

四輔説では四輔部のうち、『道徳経』（五千文）を収める太玄部を大乗、正一経を収める正一部を一乗と価値付けて、太玄部と正一部を四輔部の中では特別に高く評価している。ところが、『太平経』を収める太平部と金丹経を収める太清部は、四輔部の中での評価は中乗と小乗であるから、四輔部の中でもこの二つの地位は低く、更に三洞四輔全体の中で評価すると、七部中最下位とその次に位置する。そこで三洞四輔の七部全体を、四輔説による経籙のレベル分けに従って下位から上位へと順番に並べてみれば、太清部、太平部、太玄部または正一部、洞神部、洞玄部、洞真部の順になる。

二　三洞四輔の順位と「盟威法師喪服儀」における受法のカリキュラムとを照合させてみると、受法のカリキュラムが三洞四輔の順位に基づいていることがわかる。「盟威法師喪服儀」の受法のカリキュラムでは、初めに「治籙」の法目が置かれているが、唐初の張万福『伝授三洞経戒法籙略説』（HY一二三一）によると、治籙は「正一法目」に入れられているので、四輔説の形成段階でも「治籙」は正一部に入れられていたものと推測される。次の「老君」の法目には『道徳経』が含まれているので、「老君」の法目は太玄部に相当する。更に「自然」と「五法」は洞神部に、「中盟」は洞玄部に、「大盟」と「上清」は洞真部に相当するのであるが、これらの関係については少し説明を要するであろう。

先ず、「自然」と「中盟」と「大盟」とがそれぞれ何を指すのかを考えてみたい。張万福の『傳授三洞経戒法籙略説』巻下の「盟」の説明に「盟とは、即ち霊宝の初・中・大、等が是れなり」とあるのを参照すると、霊宝の盟約の種類に初盟と中盟と大盟があったようである。そして、同じく張万福の『傳授三洞経戒法籙略説』の「戒目」の説明の中に、

閉塞六情戒。此《こ》れ霊宝初盟の受くる所なり。即ち自然券を破るなり。
智慧上品大戒。此れ霊宝中盟と入帙の経との同じく受くる所なり。
三元百八十戒。此れ霊宝大盟の受くる所なり。

とある。ここに云う「霊宝初盟」・「霊宝中盟」・「霊宝大盟」とは、それぞれの盟約を行う道士を指す。すなわち、閉塞六情戒は霊宝初盟の盟約を実行する道士が受ける戒であり、霊宝初盟の盟約では自然券を破ることを行う。また智慧上品大戒は霊宝中盟の盟約を行う道士と帙に入った霊宝経を授かる道士とがともに受ける戒である。三元百八十戒は霊宝大盟の盟約を行う道士が受ける戒である。

初盟・中盟・大盟の三盟にこのような意義があるとすれば、先の「盟威法師喪服儀」に「自然、五法、中盟、大盟、上清」とあった「自然」とは自然券のことで霊宝初盟であり、「中盟」とは霊宝中

盟、「大盟」とは霊宝大盟であることがわかる。つまり、「自然」とは霊宝初盟の盟約をした道士が授かる経籙の法目であり、初めに自然券を受けるので「自然」と呼んでいるのである。「中盟」とは霊宝中盟の盟約をした道士が授かる経籙で、経籙の内容は基本的には『三洞奉道科誡儀範』（ペリオ二三三七）巻四・法次儀の「正一法位」の「霊宝中盟経目」に載せる霊宝経を指すようである。「大盟」とは霊宝大盟の盟約をした道士が授かる経籙を指すが、経籙の具体的な内容は不明である。

さて、「自然」と「中盟」と「大盟」が盟約の分類に基づく法目であるとすれば、「自然」は「五法」の経籙を受ける前に行う盟約の「初盟」であるから、「自然」と「五法」は一体であり、「中盟」は「霊宝中盟経目」に載せる霊宝経等を授かる時の盟約とその霊宝経とを含み、「大盟」は上清経等を授かる前の盟約であるから、「大盟」と「上清」は一体である。このように「自然」と「五法」、「中盟」と霊宝経、「大盟」と「上清」はそれぞれ一組になるから、一組ずつ洞神部・洞玄部・洞真部に配当されるのである。「自然」と「五法」の組が洞神部に配当されるのは、五法の中に『三皇経』が入っているからである。また、「大盟」と「上清」が一組であることは、二孟の喪服儀の「五服」で斉衰一年の喪に服する道士が亡師より受けた経籙が「霊宝大盟、真経、三品、三籙、三奔」と記されていることからも確かめられよう。

このように見てくると、「盟威法師喪服儀」の受法のカリキュラムでは経籙の法目が正一部、太玄部、洞神部、洞玄部、洞真部の順に並べられていることがわかる。(9) このことから、梁初の天師道において、入門した道士は初めに正一部の経籙を伝授され、その後は修学の進展に合わせて太玄部、洞神部、洞玄部の経籙が漸次に伝授されて、最後に洞真部の上清経籙が伝授される、という天師道の受法のカリキュラムの基本型が、既に形成されていたことが知られるのである。

ここで注意すべきことは、この受法のカリキュラムから太平部と太清部の経籙が除外されていることである。では、なぜ天師道の受法の正規のカリキュラムから太平部と太清部の経籙が除外されたのであろうか。これには次のような理由が考えられる。

天師道教団においては入門する時に治籙を受けることが早くから入門者に義務付けられていたが、四輔説の形成以後もこの入門の制度は変更されなかった。そこで三洞四輔説に基づく天師道の受法のカリキュラムでは、治籙の入った正一部を最初に置き、次に『道徳経』の入った太玄部を置くことになった。受法のカリキュラムでは入門後は漸次により高いレベルの経籙を修学していくことになっているので、太玄部の後には、太玄部よりもレベルの高い三洞部の洞神部、洞玄部、洞真部しか置くことはできない。そのために、正一部や太玄部よりもレベルの低い太平部と太清部は正規のカリキュラムから除外せざるを得なかったのである。天師道の道士は太平部と太清部の経籙を、受法の正規のカリキュラムとは別に、独自に学習していたようである。

四　梁代初期の天師道における三洞の経法の伝授

梁代初期の天師道の道士は、受法のカリキュラムに従って初めに正一部、次に太玄部の経籙を授けられ、その後で、同じく天師道の道士である高位の法師から洞神部の『三皇経』や洞玄部の霊宝経や洞真部の上清経を伝授されて、三洞の経法を修得していった。『道士吉凶儀』成服儀の「五服」によれば、斬衰三年の喪に服する道士には亡師から五千文の條の経籙と、『三皇経』と霊宝経を含む自然の條の経籙と、上清経を含む大盟の條の経籙とが伝授されているので、三洞の経法は必ずしも各洞の経法ごとに別々の師から伝授されていたわけではなく、一人の師が一人の弟子に三洞の経法のすべてを授ける場合も、あるいはその中の二洞の経法を授ける場合もあったようである。

『道士吉凶儀』入棺大殮儀に収める「道士移文」には、死亡した道士（以下、亡道士あるいは亡師と呼ぶ）が生前に師より受けた経法と、亡師が弟子たちに授けた経法とについて次のように述べている。「道士移文」は二孟の《喪礼儀》にも載せられていたものであるから、その作成年代は梁初と推定される。そこでこの「道士移文」から、梁代初期の天師道における受法の制度を推測してみたい。

謹んで某州郡県郷里観舎の男女官三洞弟子某甲の受くる所の経法の札目を條す。左の如し。
治籙（原文は籙治）、五千文、戒等。

右の件、某師を詣でて受け奉る。

自然券、五老赤書真文、三皇、上清三品経。

右の件、某師を詣でて受け奉る。

凡そ弟子若干人に霊宝法、若干人に上清法を授く。

これによれば、「三洞弟子」である亡道士は「治籙、五千文、戒等」をある一人の師から、更に「自然券、五老赤書真文、三皇〈経〉、上清三品経」を別の一人の師から授かっている。そして亡道士は「治籙」から「上清」までのすべての法目の経籙を修得している。また、亡道士は弟子たちに霊宝の経法と上清の経法とを授けている。これらのことから、「治籙」から「上清」までのすべての法目の経籙を修得した「三洞弟子」の道士は、上清の経法も霊宝の経法も弟子たちに伝授できることが知られる。

「道士移文」には続いて、

謹んで三洞弟子某甲の経法を将《もっ》て自ら随えて塚に入るる札目を條す。

百八十戒文、仙霊二官籙〈原文は録〉、真文、佩策、符印、等。

右の件、身に随えて棺中に入る。

上清経某巻、七伝某巻、五法、佩帯、及び上清の諸佩文。

右の件、合して一函若干巻、身に随えて塚中に入れ、供養す。

謹んで三洞弟子の身に随えし寒夏の衣裳、及び紙筆等の札目を條す。

某の衣、某の物

右の件、身に随えて棺中に入る。

硯、筆、紙、手巾、墨、書刀、奏案、香鑪。

右の件、身に随えて塚中に入る。

経法と衣物を合す。條の如くす。

とある。これによると、『老君百八十戒』や仙霊二官籙や『五老赤書真文』（霊宝経）や佩策・符印等を亡道士の身に携えさせて棺中に納め、上清経や『七伝』や五法や上清の佩文等を亡道士の塚の中に納めているが、これらの副葬品のなかに『五老赤書真文』（霊宝経）や上清経や五法が含まれていることから、「三洞弟子」の亡道士が三洞の経法を修得した道士であることがわかる。

この「道士移文」には「五法」という経籙の名が見えるが、五法とは六甲符・禁山符・五嶽真形図・『三皇経』・霊宝五符の総称である。先に見た「盟威法師喪服儀」の受法のカリキュラムでは「五法」が受法の法目の一つになっている。しかし、二孟の喪服儀の「五服」では五法を、五千文の條の「五嶽・六甲・禁山」と自然の條の「三皇・五符」とに分けて載せているが、本来は五法という纏まりで伝授されていたようである。前に述べた如く、受法のカリキュラムとしては「盟威法師喪服儀」のものが通常の形式のようである。二孟の喪服儀では「五服」に合わせるために、「盟威法師喪服儀」

の「五法」の経籙を五千文の條と自然の條に分けて収め、また「中盟」を自然の條に入れ、更に「上清」の経籙を大盟の條に含めてしまったのである。

以上見てきて、梁初の天師道における三洞の経法の伝授は次のように行われていたことが推測される。

先ず、霊宝初盟の自然券を受けた道士に『三皇経』が伝授される。そして『三皇経』は五法の一つとして伝授されていたようである。敦煌資料ペリオ二五五九とスタイン三七五〇は『陶公伝授儀』の断片であるが、この『陶公伝授儀』は五法の伝授の儀式について記したもので、梁の天監の年号があり、梁代の初期の天師道で用いられていた五法の伝授儀と推測される。ペリオ二五五九には『三皇経』十巻の伝授儀の一部が残されており、このことから梁初の天師道では『三皇経』十巻の伝授が五法の一つとして行われていたことが確かめられる。

尚、唐の張万福の『太上洞玄霊宝三洞経誡法録択日暦』（HY一二三〇）の「五法」の條に、

五法

右、六甲符を受くるに、当《まさ》に甲子の日の夜を以て庭の壇においてすべし。風雨なれば室に入る。禁山云う、夜半を以て祭を設く。其の日を言わず。五嶽は月の上建の夜半を以てす。三皇云う、夜半に庭の壇において席を敷く。日を言わず。五符云う、吉日の清浄の夜半の時に庭の壇において席を敷く。「陶公傳儀」に出づ。

今は六甲を以て老経（『道徳経』）に付す。禁山・三皇は洞神法に同じうす。五嶽・五符は霊宝法に依る。（５ａ－ｂ）

とあって、五法の伝授が元は「陶公伝授儀」に依っていたことを述べている。

次に、霊宝の経法の伝授では師が弟子に霊宝中盟の盟約をさせた後で霊宝経を伝授していたようである。伝授される霊宝経は基本的には『三洞奉道科誡儀範』（ペリオ二三三七）巻四・法次儀の「正一法位」に載せる「霊宝中盟経目」の霊宝経である。

最後の上清の経法の伝授では、師が弟子に霊宝大盟の盟約をさせた後で、上清の経籙を伝授していたようである。四輔説の形成された劉宋末・南斉以後の天師道では上清経が最高のレベルの経典であるという評価が定まっていたので、二孟の喪服儀に見える受法のカリキュラムでも「盟威法師喪服儀」の受法のカリキュラムでも、上清の経籙は最後に置かれている。したがって、上清の経籙を受ける道士は、既に三皇の経籙や霊宝の経籙を修得していなければならない。

三洞の経法を授ける師について言えば、「治籙」から「上清」までの、すべての法目の経籙に通暁した道士は既に三皇と霊宝と上清の三洞の経法すべてを修得しているので、一人で三皇の経法も霊宝の経法も上清の経法も伝授できる資格を持っている。成服儀の「五服」で斬衰三年に服する道士が亡師から三皇の経法も霊宝の経法も上清の経法も授かっているのを見ても、亡師が一人で弟子に三洞の経法すべてを授けていることがわかる。「道士移文」の亡道士が一人の師から三皇の経法も霊宝の経法も上清の経法も授かっているのも、その証左である。あるいは、三洞の経法すべてを修得していても、その中の二洞だけをそれぞれ別々の弟子に授ける場合もあったようであり、「道士移文」で亡師が「凡そ弟子若干人に霊宝法、若干人に上清法を授く」とあるのは、そのような事例を指すのであろう。

一人の道士が三洞の経法すべてを一人の弟子に授ける場合も、あるいは一人の道士が二洞の経法を一洞ずつ別々の弟子に授ける場合もあるということは、天師道の中に三洞の経法のそれぞれを専門とする道士、すなわち上清の経法だけを専門とする道士、霊宝の経法だけを専門とする道士、あるいは三皇の経法だけを専門とする道士が存在していたのではないことを示唆していよう。天師道では三洞の経法は天師道に入門した道士が受法のカリキュラムに従がって順次に修得していくものであるから、上清の経法を修得した道士は当然、その前の霊宝と三皇の経法を修得済みであり、霊宝の経法を修得した道士は三皇の経法は既に修得している、という受法のシステムになっている。したがって上清の経法だけを修得した道士とか、霊宝の経法だけを修得した道士というものは存在しない。このように天師道には、もともと個々の経法のみを専門とする道士は存在していないので、天師道の中に上清派や霊宝派や三皇派というような、経法別の流派が形成されることもなかった。

五　南斉・梁初の天師道の道士の法位

二孟の喪服儀の「五服」と「盟威法師喪服儀」とによって梁初の頃の天師道の受法のカリキュラムを知ることができたが、この受法のカリキュラムは当時の道士の位階制度と密接に関係している。なぜならば、「盟威法師喪服儀」に「受法は下より高きにゆく。各々次位有り」とあるように、受法においては道士は初歩的な経法から順次により高度の経法を受けるが、経法のレベルは治籙、老君、自然、五法、中盟、大盟、上清の順に高くなる。そして道士の地位は受けた経法のレベルによって決まる。形式的には、入門して最初の治籙の経法を受けた道士よりも次の老君（五千文）の経法を受けた道士の方が地位が高く、更に老君（五千文）の経法よりも自然の経法、自然の経法よりも五法の経法、五法の経法よりも中盟の経法、中盟の経法よりも大盟の経法、大盟の経法よりも上清の経法を受けた道士の方が地位が高い。

同様のことが二孟の喪服儀の「五服」の制度からも確かめられる。「五服」の孝子が皆、亡師のもとで一緒に修行していた弟子同士であると仮定すれば、亡師から治籙を受けて緦麻三月に服する道士の地位が最も低く、五千文の條の経法を受けて小功五月に服する道士がその次の地位であり、自然の條の経法を受けて大功九月に服する道士がその上の地位であり、大盟の條の経法を受けて斉衰一年に服する道士が更にその上の地位であり、亡師から五千文・自然・大盟の三條の諸経籙すべてを受けて斬衰三年に服する道士の地位が最も高いのである。

南斉・梁代初期の天師道の道士の法位を伝えるものとして、『一切道経音義妙門由起』（HY一一一五）に所収の『正一経』と『正一威儀経』（HY七九〇）の「正一受道威儀」とがある。『正一経』には道士が身に着ける法衣の違いが記されているが、この法衣の種類からそれを身に着ける道士の法位が推測できる。それによると、道士の位階には入門者と正一道士と道徳法師と洞神法師と洞玄法師と洞真法師と三洞講法師の七段階があったようである。

また『正一威儀経』の「正一受道威儀」では、道士の位階が清信弟子、清信道士、正一道士、高玄法師、洞神法師、洞玄法師、洞真法師、大洞法師の八段階に分けられている。

『正一経』の法位と『正一威儀経』の法位とを対照してみると、『正一経』の入門者に相当するのが『正一威儀経』の清信弟子と清信道士であるとすれば、他の道士の法位はその名称も順位もほとんど同じである。ただ、『正一経』の道徳法師の名称が『正一威儀経』では高玄法師となっている、あるいは三洞講法師に相当する法師の名称が大洞法師となっている点に違いがあるだけである。

そうすると、南斉から梁代初期の時期の天師道の道士の位階は『正一経』や『正一威儀経』で説く法位とほぼ同じであったと見てよいであろう。この道士の位階と、「盟威法師喪服儀」や二孟の喪服儀の「五服」のカリキュラムとを照合してみると、道士の受けた法目の種類によって、その道士が何の法位を得たのかがわかるのである。

「盟威法師喪服儀」の治籙・老君・自然・五法・中盟・大盟・上清の法目と道士の法位とを照合すると、正一部の「治籙」の法目の経法を受けた道士が正一道士であり、太玄部の「老君」の法目の経法を受けた道士が道徳（高玄）法師であり、洞神部の「自然」と「五法」の法目の経法を受けた道士が洞神法師であり、洞玄部の「中盟」の法目の経法を受けた道士が洞玄法師であり、洞真部の「大盟」と「上清」の法目の経法を受けた道士が洞真法師であり、その上の位の法師が三洞講法師や大洞法師である。(10)

「五服」に見られる受法のカリキュラムとの関係で考えれば、治籙の條の経法を受けた者が正一道士であり、五千文（『道徳経』）の條の経法を受けた者が道徳（高玄）法師であり、自然の條の経法を受けた者が洞神法師と洞玄法師であり、大盟の條の経法を受けた者が洞真法師であり、その上の位の法師が大洞法師あるいは三洞講法師である。因みに、『道士吉凶儀』入棺大殮儀の「道士移文」では亡道士の法位が「三洞弟子」、「章法」では喪礼の導師役の道士の法位が「大洞弟子」となっているが、弟子位は法師になる前の位階であるから、大洞弟子の上に大洞法師、三洞弟子の上に三洞（講）法師の位階があったのである。

六　梁代末期の天師道の受法のカリキュラムと道士の法位

梁の武帝の末年頃に編纂された『三洞奉道科誡儀範』[11]は天師道の道士の守るべき科律を述べたものであるが、その中の巻四・法次儀に「正一法位」が載せられている。それには天師道に入門してから最高位の法師に至るまでの受法のカリキュラムが、道士の法位ごとに十九段階に分けられて次のように記されている。尚、左の表では位階の段階を表示するために、便宜的に法位の区分ごとに記号（①から⑲まで）を付した。

「正一法位」

① 更令籙・童子一将軍籙・三将軍籙・十将軍籙・籙生三戒文・正一五戒文。
　右、七歳八歳、或は十歳已上が受けて、正一籙生弟子と称す。

② 七十五将軍籙・百五十将軍籙・正一真巻・二十四治・正一朝儀・正一八誡文。
　右、受けて某治気の男官・女官と称す。

③ 黄赤券契・黄書契令・五色契令・八生九宮契令・真天六甲券令・真天三一契令・五道八券。
　右、受けて黄赤弟子赤陽真人と称す。

④ 九天破殗・九宮扞厄・都章畢印・四部禁気・六宮神符・九天都統・斬邪大符・九州社令・天霊

赤官・三五契・三元将軍籙。
　右、受けて某治気の正一盟威弟子と称す。
⑤陽平治・都功版・九天真符・九天兵符・上霊召・仙霊召・七星籙・二十八宿籙・元命籙。
　右、受けて陽平治太上中気領二十四生気行正一盟威弟子元命真人と称す。
⑥逐天地鬼神籙・紫台秘籙・金剛八牒仙籙・飛歩天剛籙・統天籙・万丈鬼籙・青甲赤甲籙・赤丙籙・太一無終籙・天地籙・三元宅籙・六壬式籙・式真神籙・太玄禁気・千二百大章・三百六十章・正一経二十一巻・老君一百八十戒・正一斎儀・老子三部神符。
　右、受けて太玄部正一平気係天師陽平治太上中気領二十四生気督察二十四治三五大都功正一盟威元命真人を称す。
⑦洞淵神呪経十巻・神呪券・神呪籙・思神図・神仙禁呪経二巻・横行玉女呪印法・黄神赤章。
　受けて洞淵神呪大宗三昧法師小兆真人と称す。
⑧老子金紐青絲・十戒・十四持身戒。
　受けて老子青絲金紐弟子と称す。
⑨老子道徳経二巻・河上真人注上下二巻・想爾注二巻・五千文朝儀一巻・雑説一巻・関令内伝一巻・誡文一巻。
　受けて高玄弟子と称す。

⑩　老子妙真経二巻・西昇経二巻・玉暦経二巻・歴蔵経一巻・老子中経一巻・老子内解二巻・老子節解二巻・高上老子内伝一巻・皇人三一表文。
右、前を兼ねて太上高玄法師と称す。

⑪　太一八牒遁甲仙籙・紫宮移度大籙・老君六甲秘符・黄神越章。
右、受けて太上弟子と称す。

⑫　金剛童子籙・竹使符・普下版・三皇内精符・三皇内真諱・九天発兵符・天水飛騰符・八帝霊書内文・黄帝丹書内文・八威五勝十三符・八史籙・東西二禁・三皇三戒五戒八戒文。
右、受けて洞神弟子と称す。

⑬　天皇内学文・地皇内記書文・人皇内文・三皇天文大字・黄女神符・三将軍図・九皇図・昇天券・三皇伝版・三皇真形内諱版・三皇三一真形内諱版・三皇九天真符・契令・三皇印・三皇玉券・三皇表・鞶《はん》帯・洞神経十四巻。
右、受けて無上洞神法師と称す。

⑭　太上洞玄霊宝昇玄内教経一部十巻・昇玄七十二字大券。
右、受けて昇玄法師と称す。

⑮　元始洞玄霊宝赤書真文籙・太上洞玄霊宝二十四生図三部八景自然至真玉籙・太上洞玄霊宝諸天内音籙・霊宝自然経券・元始霊策。

右、受けて太上霊宝洞玄弟子と称す。

⑯

「霊宝中盟経目」

太上洞玄霊宝五篇真文赤書上下二巻・太上洞玄霊宝玉訣上下二巻・太上洞玄霊宝空洞霊章経一巻・太上昇玄歩虚章一巻・太上洞玄霊宝九天生神章経一巻・太上霊宝自然五勝文一巻・太上洞玄霊宝諸天内音玉字上下二巻・太上洞玄霊宝智慧上品大戒経一巻・太上洞玄霊宝上品大戒罪根経一巻・太上洞玄霊宝長夜府九幽玉匱明真科経一巻・太上洞玄霊宝智慧定志通微妙経一巻・太上霊宝本業上品一巻・太上洞玄霊宝太上玄一三真勧戒罪福法輪妙経一巻・太上洞玄霊宝無量度人上品妙経一巻・太上洞玄霊宝諸天霊書度命妙経一巻・太上洞玄霊宝滅度五錬生尸妙経一巻・太上洞玄霊宝三元品戒経一巻・太上洞玄霊宝二十四生図三部八景自然至真上経一巻・太上洞玄霊宝五符序経一巻・太上洞玄霊宝真文要解経上一巻・太上洞玄霊宝自然経上一巻・太上洞玄霊宝敷斎威儀経一巻・太上洞玄霊宝安志本願大戒上品消魔経一巻・仙公請問上下二巻・衆聖難経一巻・太極隠訣一巻。

霊宝上元金籙簡文一巻・霊宝下元黄籙簡文一巻・霊宝朝儀一巻・歩虚注一巻・霊宝修身斎儀二巻・霊宝百姓斎儀一巻・霊宝三元斎儀一巻・霊宝明真斎儀一巻・霊宝黄籙斎儀一巻・霊宝金籙斎儀一巻・霊宝度自然券儀一巻・霊宝登壇告盟儀一巻・霊宝服五芽立成一巻・太上智恵上品戒文一巻・霊宝衆簡文一巻・衆経序一巻。

右、受けて無上洞玄法師と称す。

⑰五嶽真形図・五嶽供養図・五嶽真形図序・霊宝五符・五符序・五符伝版・上清北帝神呪文・太玄河図九皇宝籙・洞真八威召龍籙・洞真飛行三界籙。

上清大洞衆経巻・上清大洞真経巻・上清八素真経巻・上清歩五星巻・上清歩天綱巻・上清四規明鏡巻・上清飛行羽章巻。

上清金馬契・上清玉馬契・上清木馬契・上清黄庭契。

上清太上玉京九天金霄威神王祝太上神虎玉籙・上清太上太微天帝君金虎玉精真符籙・上清太上玉京九天金霄威神王祝太上経太上大神虎符籙・上清太微黄書九天八籙真文、一名は玄都交帯籙・上清太上上皇二十四高真玉籙・上清高上太上道君洞真金玄八景玉籙・上清太上三天正法除六天文籙・上清太極左真人曲素訣詞、一名は九天鳳気玄丘太真書籙・上清太微帝君豁落七元上符籙・上清太上石精金光蔵景録形摂山精法籙・上清太上元始変化宝真上経九霊太妙亀山元籙・上清太上上元検天大籙・上清太上中元検仙真籙・上清太上下元検地玉籙・上清玉検検人仙籙・上清太上素奏丹符籙・上清太上瓊宮霊飛六甲籙・上清高上元始玉皇九天譜籙・上清中央黄老君太丹隠書流金火鈴籙・上清伝版。

受けて、洞真法師と称す。

⑱「上清大洞真経目」

上清大洞真経三十九章一巻・上清太上隠書金真玉光一巻・上清八素真経服日月皇華一巻・上清飛歩天綱躡行七元一巻・上清九真中経黄老秘言一巻・上清上経変化七十四方一巻・上清除六天文三天正法一巻・上清黄気陽精三道順行一巻・上清外国放品青童内文二巻・上清金闕上記霊書紫文一巻・上清紫度炎光神玄変経一巻・上清青要紫書金根上経一巻・上清玉精真訣三九素語一巻・上清三元玉検三元布経一巻・上清石精金光蔵景録形一巻・上清丹景道精隠地八術上下二巻・上清神洲七転七変舞天経一巻・上清大有八素帝大丹隠書一巻・上清天関三図七星移度一巻・上清九丹上化胎精中記一巻・上清太上六甲九赤班符一巻・上清神虎上符消魔智慧一巻・上清曲素訣詞五行秘符一巻・上清白羽黒翮飛行羽経一巻・上清素奏丹符霊飛六甲一巻・上清玉珮金璫太極金書一巻・上清九霊太妙亀山元録三巻・上清七聖玄紀徊天九霄一巻・上清太上黄素四十四方一巻・上清太霄琅書瓊文帝章一巻。

此の三十四巻は玉清紫清太清大洞真経の限《かなめ》なり、是れ王君の南真に授けしものなり。

上清高上滅魔洞景金玄玉清隠書四巻・上清太微天帝君金虎真符一巻・上清太微天帝君神虎玉経真符一巻・上清太上黄庭内景玉経太帝内書一巻。

右の七巻は紫虚元君南嶽上真魏夫人の在世に受けし経の限《かなめ》なり。

上清三元斎儀二巻・上清伝授儀一巻・上清告盟儀一巻・上清朝儀一巻・上清投簡文一巻・登真隠訣二十六巻・真誥十巻・八真七伝七巻・洞真観身三百大戒文一巻。

右、受けて無上洞真法師と称す。

⑲　上清経総一百五十巻・上清太素交帯・上清玄都交帯・上清白紋交帯・上清紫紋交帯、一に廻車交帯と曰う、亦た畢道券と謂う、又た元始大券と名づく。

右、受けて上清玄都大洞三景弟子・無上三洞法師と称す。

「正一法位」に記されている法位だけを順番に番号を附して列記すると、次の通りである。

①　正一籙生弟子
②　男官・女官
③　黄赤弟子赤陽真人
④　正一盟威弟子
⑤　陽平治太上中気領二十四生気行正一盟威弟子元命真人
⑥　太玄部正一平気係天師陽平治太上中気領二十四生気督察二十四治三五大都功正一盟威玄命真人
⑦　洞淵神呪大宗三昧法師小兆真人
⑧　老子青絲金紐弟子
⑨　高玄弟子

⑩　太上高玄法師
⑪　太上弟子
⑫　洞神弟子
⑬　無上洞神法師
⑭　昇玄法師
⑮　太上霊宝洞玄弟子
⑯　無上洞玄法師
⑰　洞真弟子
⑱　無上洞真法師
⑲　上清玄都大洞三景弟子・無上三洞法師

「正一法位」には、各法位の前にその法位に就く道士の受ける経籙の名が記載されているが、その経籙を法位の順番に並べてみると、それは受法のカリキュラムを構成している。「正一法位」の受法のカリキュラムでは、「盟威法師喪服儀」や二孟の喪服儀の「五服」に見える受法のカリキュラムと同様、三洞四輔の分類法に基づいて経籙が序列化されていて、レベルの低い経籙からレベルの高い経籙へと順番に並べられている。

ここで「正一法位」に載せる経籙を三洞四輔に分類してみると、①－⑥の法位の経籙が正一部、

⑧―⑩の法位の経籙が太玄部、⑪―⑬の法位の経籙が洞神部、⑮・⑯の法位の経籙が洞玄部、⑰―⑲の法位の経籙が洞真部である。太平部と太清部の経籙は「正一法位」の受法のカリキュラムでも除外されている。

次に、「正一法位」の法位を『正一威儀経』の法位に照合させてみると、①が清信道士、②―⑥が正一道士、⑦は『正一威儀経』にはない新しい法師位、⑧―⑩が高玄法師、⑪―⑬が洞神法師、⑭は『正一威儀経』にはない新しい法師位、⑮・⑯が洞玄法師、⑰・⑱が洞真法師、⑲が大洞法師に相当する。

これを見ると、「正一法位」の特徴として、第一に道士としてはまだ初級や中級の段階にある正一道士と高玄（道徳）法師の法位が細分化されていること、第二に洞神法師・洞玄法師・洞真法師の法位は弟子位と法師位に二分されていること、第三に⑦の「洞淵神呪大宗三昧法師」と⑭の「昇玄法師」の法位が新設されていること、第四に「大洞法師」の法位はなく、最高位が⑲の「上清玄都大洞三景弟子・無上三洞法師」になっていること、第五に五法の経籙が各法位に分散して載せられていることである。

第一の、正一道士と高玄（道徳）法師の法位に細分化が進んでいるのは、恐らく入門する道士の増加にともなって、初級・中級クラスの道士の地位をより細かに分ける必要が起こったからであろう。

第二の、弟子位と法師位の区分も、高位の道士の増加によって道士の位階をきめ細かにする必要があったからであろう。ただ、現実の道士の位階が果たして「正一法位」で説くほどに細かく階層化していたのかどうか、少しく疑問に思われる。「正一法位」では天師道の道士の受法のカリキュラムと法位のモデルケースを示すために、カリキュラムを形式的に細分化しているという一面もあるのではあるまいか。

第三の、新しい法師の洞淵神呪大宗三昧法師は「洞淵神呪経十巻、神呪券、神呪籙、思神図、神仙禁呪経二巻、横行玉女呪印法、黄神赤章」を受け、昇玄法師は「太上洞玄霊宝昇玄内教経一部十巻、昇玄七十二字大券」を受けるが、それぞれの法目にある『洞淵神呪経』十巻は劉宋中頃に葛氏道の手で、『昇玄経』十巻は劉宋末頃に天師道の手によって編纂された道典である。[12] この二つの道典が天師道のなかで重要な地位を占めるようになるのは、恐らく梁の武帝の在位期（五〇二―五四九）の中頃から末年までの間である。この頃にこの二種の法目は天師道の道士の受法の正規のカリキュラムの中に採用され、それに合わせた法位が新しく設けられたようである。

第四の、「大洞法師」の法位がなく、最高位が「上清玄都大洞三景弟子・無上三洞法師」になっているのは、これまで天師道の道士の最高位として大洞法師と三洞法師が併用されていたが、「正一法位」では大洞法師の法位を廃止し、最高位の法位を「上清玄都大洞三景弟子・無上三洞法師」に統一したからである。「上清玄都大洞三景弟子」という法位は、元は上清派の道士の法位であった「大洞三景弟子」（『洞真太上大霄琅書』巻六、三二ａ）に由来する。上清派の法位である「大洞三景弟子」

を摂取して、天師道の最高位の法位である「三洞法師」に結び付けたのが、「上清玄都大洞三景弟子・無上三洞法師」という法位名である。

第五に、「正一法位」では五法の、「老君六甲秘符」が⑪に、「東西二禁」が⑫に、「三皇天文大字」が⑬に、「五嶽真形図」と「霊宝五符」が⑰に載せられている。このように五法が分散して収められているのは、「正一法位」の頃には五法の纏まりが失われていたからであろう。それとともに、五法は洞神部の経籙であるという考えもなくなり、⑰の「五嶽真形図」や「霊宝五符」のように洞真部に分類されるものも現れた。しかしこれが機縁となって、唐代になると、五法は一括して洞真部の直前に置かれて、非常に重視されるようになり、『三皇経』(三皇内文)は洞神部の「三皇法目」と「五法」の双方に入れられるようになった。

七　唐朝・北宋初期の天師道の受法のカリキュラムと道士の法位

一　唐の先天元年(七一二)十二月十二日に太清観道士張万福が記した『伝授三洞経戒法籙略説』巻下の「明科信品格」には次のような受法のカリキュラムが載せられている。

凡そ人は初めて法門に入らば、先ず諸戒を受け、以て患を防ぎ罪を止む。次に符籙を佩び、妖精を制断し、神気を保ち中《まも》る。

次に五千文を受け、道徳を詮明し、生化の源を起す。
次に三皇を受け、漸く下乗に登り、麤《そ》に縁《よ》りて妙に入る。
次に霊宝を受け、進みて中乗に昇り、神を転じて慧に入る。
次に洞真を受け、景を錬り無に帰し、源に還り一に反《かえ》り、常を證《さと》る。　（巻下・八ａ）

ここでいう「諸戒」「符籙」「五千文」「三皇」「霊宝」「洞真」とは、法目の名称である。『伝授三洞経戒法籙略説』巻上に見える法目とそれに含まれる経籙を列記すると、次の通りである。

1　戒目

三帰依戒。
　此の三戒は、初めて起心して入道せば、受けて三宝に帰依せしむるなり。
五戒。
　此の五戒は、五欲を除き、五徳を修め、五戒を持し、五濁を出でしむるなり。
八戒。
　此の八戒は、八事を持し、以て神に契るなり。上の二戒は籙生の受くる所なり。
無上十戒。
　此の十戒は、在俗の男女の受くる所なり。十悪を断じ、十善を行うなり。
初真戒。

此の初真戒は、新しい出家の受くる所なり。始めて俗服を脱ぎ、入道するを謂うなり。

七十二戒。

此の七十二戒は、正一弟子の受くる所なり。即ち、仙霊録（籙の誤り）輩は是れなり。

百八十戒重律。

此れ男官・女官・正一道士の受くる所なり。老君が干吉に授けしものなり。

天尊十戒十四持身品。

此れ清信弟子・久志局（久志局は衍字であろう）の受くる所なり。

太清陰陽戒。

此れ五千文籙弟子が受くるなり。

想爾二十七戒。

此れ太上高玄法師の受くる所なり。

洞神三洞要言五戒十三戒七百二十戒門。

此れ三皇弟子の受くる所なり。

百二十九戒。

此れ昇玄内教弟子の受くる所なり。

閉塞六情戒。

此れ霊宝初盟の受くる所なり。即ち、自然券を破るなり。

智慧上品大戒。

此れ霊宝中盟と入帙の経との同じく受くる所なり。

三元百八十戒。

此れ霊宝大盟の受くる所なり。

智慧観身三百大戒。

此れ上清道士の受くる所なり。

2

正一法目
一将軍籙、十将軍籙。

此の二件は童子の受くる所なり。

仙官七十五将軍籙。

陽は男を主《つかさ》どる。

霊官七十五将軍籙。

陰は女を主どる。此の二籙の男女合して仙霊百五十将軍籙と名づくるなり。

九宮扞厄、六害神符、田部禁気、都章畢、九天破殗、大小斬邪、天霊赤官、元命赤籙、大小召籙、九州社令、九天兵符、九天真符、翻天倒地、青甲、赤甲、赤丙、無終、八牒、五牒、八宿、七星、紫宮、紫台、三将軍。

此の二十四種三十六籙は其の大略を挙ぐ。余の一百巻は階ごとに本経を具有す。分かちて詳かには備えず。

3 道徳経目

道徳上下二巻、河上公注上下二巻、想爾注上下二巻、大存図一巻、伝儀一巻、朝儀一巻、斎儀一巻。

此れ太玄経の明かす所なり。応に受持して修行すべし。

老君西昇一巻、妙真上下二巻、内解二巻、節解二巻、高上伝一巻、無上真人伝一巻、紫虚籙一巻。

此れ左仙公及び金明の説く所なり。伝授して修行すべし。

4 三皇法目

金剛童子籙、普下版、三一真諱、三将軍図、九皇図、三皇内文、三皇大字、洞神経十四巻。

陶先生の伝える所は十三巻なり。

5 霊宝法目

自然券、中盟経四十七巻、大盟真文、八景内音。

6 [洞真法目]

（霊宝五符。　東西禁文。　五嶽真形図。　三皇内文。　三天正法除六天玉文。）

（注）現行の道蔵本『伝授三洞経戒法籙略説』では6の箇所は、1から5までと異なり、法目の名称が記されていず、また経名も列記されていない。ただ、6に含まれるはずの、霊宝五符・東西禁文・五嶽真形図・三皇内文・三天正法除六天玉文の各経典についての解説が施されているだけである。そこで、便宜上、6に〔洞真法目〕の名称を付して、霊宝五符・東西禁文・五嶽真形図・三皇内文・三天正法除六天玉文の経名を列記しておいた。しかし、次に見る張万福『太上洞玄霊宝三洞経誡法籙択日暦』を参照すると、本来ならば「五法」の法目を「霊宝法目」の後、〔洞真法目〕の前に設けて、そこに霊宝五符・東西禁文・五嶽真形図・三皇内文等の経名を載せ、〔洞真法目〕には三天正法除六天玉文とその他の上清経籙を列記するのがよいようである。

以上の法目に入れられている経籙を見ると、張万福の説く受法のカリキュラムがわかる。張万福の受法のカリキュラムも、基本的には梁初以来の天師道の伝統的なカリキュラムに基づいている。即ち、初めに正一部、次に太玄部、次に洞神部、次に洞玄部、最後に洞真部の諸経籙を伝授するのである。ここでも太平部と太清部の諸経籙が受法のカリキュラムから除外されているが、これも天師道の伝統的な受法のカリキュラムの特徴である。

張万福は『太上洞玄霊宝三洞経誡法籙択日暦』（HY一二三〇）においても受法の経籙を挙げている。それを順番に番号を付して列記すると、次の通りである。

1　正一の仙霊符籙等。
2　陽平・鹿堂等の二十四治、及び遊散の宿治。
3　老君・金釼、及び経目並びに経等。
4　神呪の符契図経等。
5　洞神三皇の符図経等。
6　洞玄霊宝の自然券・中盟経、真文の二籙、霊策・神杖等。
7　五法。
8　河図宝籙。
9　上清七券の経目及び経、三籙の諸法、太素玄都紫紋交帯等。

これと先の受法の法目とを照合すると、1と2が治籙の法目、3が五千文の法目、4は『三洞奉道科誡儀範』の「正一法位」で初めて設けられた法目、5が三皇の法目、6が霊宝の法目、7・8が新しい「五法」と「河図」の法目、9が洞真の法目に相当する。

張万福の受法のカリキュラムにおいて注目されることは、一つに7の「五法」と8の「河図」が洞真部の直前に置かれていて、非常に高く評価されていることである。もう一つは、『昇玄経』が見えないことであるが、しかしこれは恐らく、単なる記載漏れであろう。なぜならば、張万福は後に引用する『洞玄霊宝三師名諱形状居観方所文』（HY四四五）では「昇玄師諱」の項を設けて、『昇玄経』

の伝授について述べているからである。

尚、張万福『伝授三洞経戒法籙略説』巻下には金仙公主と玉真公主の二公主が入道して、太清観主の三洞法師史崇玄より経籙を伝授された経緯が次のように記されている。

窃かに見るに、金仙・玉真の二公主は景雲二年（七一一）歳次辛亥春正月十八日甲子を以て、大内の帰真観中に於いて三洞大法師金紫光録大夫鴻臚卿河内郡開国公上柱国太清観主史尊師を詣で受道す。霊宝自然券を破り、中盟八帙経四十七巻・真文二籙を受け、符・策・杖を佩ぶ。……又、先天元年（七一二）壬子歳冬十月二十八日甲子を以て、復た五法・上清経を受く。

（巻下・一八ａ―二〇ｂ）

これによると、二公主は景雲二年正月十八日に霊宝自然券と中盟の霊宝経四十七巻と真文二籙を受け、翌年の先天元年十月二十八日に五法と上清経を受けているが、二公主に伝授された経籙の順番を見ても、伝授の次第が天師道の受法のカリキュラムに則って行われていることがわかる。特に、最後に「五法」と洞真部の上清経が伝授されていることは注目されてよいであろう。

また、張万福編録『洞玄霊宝三師名諱形状居観方所文』には、「正一師諱」「五千文師諱」「神呪師諱」「洞神師諱」「昇玄師諱」「洞玄師諱」「上清師諱」の項目順に、正一部、太玄部、洞淵部、洞神部、昇玄部、洞玄部、洞真部の経籙を伝授される時の受法の方法と、受法の時に授けられる、三師（度師・籍師・経師）の姓名と諱と容姿と居住する道観の場所等を記した、書状の書き方の見本とが記されている。これによっても、張万福の時代に行われていた天師道の受法のカリキュラムがわかるので、各項目の冒頭に記されている受法の個所だけを抜き書きして示すと、次の通りである。

正一師諱

国号、某年太歳某某月某朔某日に、某州県郷里の男女官某甲は、年若干、某は某州郡郷里観宇に於いて、正一盟威某籙を受く。(以下、省略)

五千文師諱

某国某号、某年太歳某某月某朔某日に、某州郡県郷里の男女弟子、姓名、年若干、字は某、某州郡県某山の観・宅舎に於いて、道徳五千文・三品要戒を受く。(以下、省略)

神呪師諱

国号、年歳月日に、某州県郷里の男女某甲は、年若干、今、某郡県に於いて、洞淵神呪の契・籙・経・戒を受く。(以下、省略)

洞神師諱

国号、年歳月日に、州県観の洞神弟子某甲は、今、某所に於いて、洞神の経戒・諱籙・券契・三皇大字を受く。(以下、省略)

昇玄師諱

国号、年歳月日に、州県観の昇玄弟子某甲は、今、某処に於いて、昇玄七十二字大券・太一百

二十九戒、兼ねて経契を受く。(以下、省略)

洞玄師諱

国号、年歳月日に、州県観の洞玄弟子某甲は、年若干、某州県の霊山の靖室に於いて、霊宝自然券契・閉塞六情上品戒・中盟経・智慧上品大戒・大盟三元百八十戒・真文二籙を受く。(以下、省略)

上清師諱

国号、年歳月日に大洞三景弟子の某嶽某帝真人某甲は、年若干歳、今、某所の霊峯幽谷に於いて、上清七券・四契・観身大戒・宝経・符籙・太上の神文を受く。(以下、省略)

これまでに張万福の著作を通して見てきた、唐代初・中期の天師道の道士の受法のカリキュラムをまとめてみると、始めに正一部の経籙、次に太玄部の経籙、続いて洞淵部の経籙、洞神部の経籙、昇玄部の経籙、洞玄部の経籙、最後に「五法」・「河図」の経籙と洞真部の経籙が伝授される。この受法のカリキュラムは、『受籙次第法信儀』(HY一二三四)の受法職位次第の項の「正一法位」に見られる道士の位階とも符合するので、ここで『受籙次第法信儀』の「正一法位」を紹介したい。

正一法位(正一の法位)

清信道士

十戒弟子

籙生弟子
正一盟威弟子
係天師某治太上中気左右某気正一盟威弟子
正一盟威弟子三五歩綱元命真人
「受七星籙（七星籙を受く）」
北斗七元真人
「受都功版券（都功版券を受く）」
門下大都功
「受道徳法位（道徳を受くるの法位）」
金鈕弟子
太上高玄法師某嶽先生
太玄都太上三宝弟子
「受洞神法位（洞神を受くるの法位）」
洞淵神呪九天法師小兆真人。又、洞淵神呪大宗三昧法師小兆真人と称す。
洞神弟子
洞神太一金剛畢券弟子

「受昇玄法位（昇玄を受くるの法位）」
霊宝昇玄内教法師
「受洞玄法位（洞玄を受くるの法位）」
霊宝弟子
洞玄弟子
太上霊宝无上洞玄弟子某嶽先生。女は仙姫と曰う。
「受五符法位（五符を受くるの法位）」
洞神三皇内景弟子
太上霊宝无上洞神弟子
「受河図法位（河図を受くるの法位）」
太玄河図宝籙九官真人
「受洞真法位（洞真を受くるの法位）」
上清弟子
上清大洞弟子
上清大洞三景弟子某嶽真人
「受畢道法位（畢道を受くるの法位）」

上清玄都大洞三景弟子某真人

ここに見られる道士の法位は題目に「正一法位（正一の法位）」とあるように、すべて天師道の道士の法位である。ただし、「正一法位」には弟子位のみの位階が多いが、これは経籙を受ける弟子の法位を列記したからであって、当然、各位階の道士には法師もいたはずである。例えば、「受洞神法位」には洞神法師、「受洞玄法位」には洞玄法師あるいは霊宝法師、「受洞真法位」には洞真法師あるいは大洞法師あるいは上清法師、「受畢道法位」には三洞法師、等の法師が存在していたはずである。

右の「正一法位」の道士の法位を位階別に整理してみると、正一盟威弟子から「受都功版券」の門下大都功までの、正一部の経籙を受けた道士の法位が正一道士の位階であり、次の「受道徳法位」の道士の法位が太玄部の経籙を受けた高玄道士の位階であり、次の「受洞神法位」の中の洞淵神呪九天法師あるいは洞淵神呪大宗三昧法師が『洞淵神呪経』を受けた神呪道士の位階であり、更に「受洞神法位」の中の洞神弟子と洞神太一金剛畢券弟子が洞神部の経籙を受けた洞神道士の位階であり、次の「受昇玄法位」の霊宝昇玄内教法師が『昇玄経』を受けた昇玄道士の位階であり、次の「受洞玄法位」の道士の法位が洞玄部の経籙を受けた洞玄（霊宝）道士の位階であり、次の「受五符法位」と「受河図法位」の道士の法位が「五法」と「河図」を受けた道士の位階であり、次の「受洞真法位」の道士の法位が洞真部の経籙を受けた洞真道士（大洞道士、上清道士）の位階であり、最後の「受畢道法位」の道士の法位が畢道券等を受けた最高位の三洞道士の位階である。

この道士の位階は張万福の述べる受法のカリキュラムとも一致するので、ここに示される道士の位階は唐代の天師道の道士の位階と見てよいであろう。この点から、『受籙次第法信儀』は唐代の天師道の編纂と推定される。但し、道蔵本『受籙次第法信儀』は日付の記載が「大明某年大歳某甲某月某朔某日」等となっているので明代の写本であるが、原本『受籙次第法信儀』の編纂は唐代中期であろう。

ところで、唐代の天師道の道士の位階の特徴を挙げれば、一つは、正一道士、高玄道士、神呪道士、洞神道士、昇玄道士、洞玄道士、洞真道士の位階のほかに、「五法」と「河図」を受けた道士の法位が新たに加わっていることである。もう一つは、「大洞法師」や「上清法師」という法位が「洞真法師」の法位の別称として用いられていることである。つまり、唐代には洞真法師と大洞法師と上清法師は同等の法位であったようである。このことは、『受籙次第法信儀』の「正一法位」でも、上清大洞弟子や上清大洞三景弟子が上清弟子（洞真弟子）とともに「受洞真法位」に入れられていることからも確かめられる。また、張万福の『洞玄霊宝三師名諱形状居観方所文』でも、「上清師諱」の項に、三師の名諱は左の如し。

経師某州県観の大洞法師、姓某、諱某、年若干歳、形状

籍・度の師は例《なら》う。

臨壇証明の三洞法師某嶽某帝真人某甲、年若干歳　　　（四ｂ）

とあって、大洞法師とは別に三洞法師がいるように記しているが、三洞法師は天師道の道士の最高位の法位であるから、三洞法師の下の大洞法師は洞真法師に相当する法位である。

これまで見てきた唐代の道士の法位を位階ごとに大別して列記すると、次の通りである。

① 正一道士（正一弟子と正一法師）
② 高玄道士（高玄弟子と高玄法師）
③ 神呪道士（神呪弟子と神呪法師）
④ 洞神道士（洞神弟子と洞神法師）
⑤ 昇玄道士（昇玄弟子と昇玄法師）
⑥ 洞玄道士（洞玄弟子と洞玄法師、霊宝弟子と霊宝法師）
⑦「五法」道士・「河図」道士（三皇内景弟子と太玄河図宝籙九官真人）
⑧ 洞真道士（洞真弟子と洞真法師）
　大洞道士（大洞三景弟子と大洞法師・大洞三景法師）
　上清道士（上清三景弟子と上清法師）
⑨ 三洞道士（三洞弟子と三洞法師）

尚、唐代の碑や題記や墓誌に載せる道士の法位名[13]を見てみると、おおよそ右に列記した法位名が用いられているので、唐代にはこれらの法位名を使用するのが一般的であったようである。

二　唐末・五代の広成先生劉処静[14]（杜光庭）撰『洞玄霊宝三師記』（ＨＹ四四四）には、唐の憲宗の元和五年（八一〇）生まれの道士応夷節（八九四没）の受法の経歴が次のように記されている。

> 年十五にして天台に入り、正一を参《あずか》る。十七にして高玄紫虚を佩ぶ。十八にして龍虎山の係天師十八代孫〔張〕少任を詣でて、三品・大都功を受く。二十四にして霊宝真文と洞神・洞玄の法を参る。二十九にして昇玄に進む。三十有《ゆう》二にして上清大洞・廻車畢道・紫文素帯・藉地騰天の符を受く。

これを見ると、応夷節は十五歳の時に天台山で正一の経籙を受け、十七歳で高玄（道徳）の経籙を受け、十八歳の時に龍虎山で十八代天師から高玄（道徳）の三品要戒と都功版を受け、二十四歳で洞神と洞玄の経法を受け、二十九歳の時に昇玄の経法を受け、三十二歳で上清の諸経籙を受けている。このことから、唐末の道士応夷節は基本的には、『三洞奉道科誡儀範』の「正一法位」や張万福の受法のカリキュラムに従って修学していることが確かめられる。ただ、昇玄の法を受けたのが洞玄の法の後であるのが異なるだけである。しかしこれも、応夷節が洞神と洞玄の法を同時に受けてしまったために昇玄の受法が洞玄の後になったのであろうから、受法のカリキュラムの大幅な変更とは言えない。唐末の天師道では『三洞奉道科誡儀範』の「正一法位」や張万福の受法のカリキュラムがまだ実施されていたようである。

三　北宋・真宗の咸平六年（一〇〇三）に孫夷中（葆光子）が編集した『三洞修道儀』（HY一二二七）には、北宋初期の天師道の道士の位階が記されている。そこで『三洞修道儀』に基づいて北宋初期の天師道の道士の位階について見てみたい。

『三洞修道儀』では、その序において「三洞の科格、正一より大洞に至るに、凡そ七等あり」と述べて、道士の位階を次のように七段階に分けている。

1　初入道儀
2　洞神部道士
3　高玄部道士（亦た高上紫虚と云う）
4　昇玄部道士
5　中盟洞玄部道士
6　三洞部道士
7　大洞部道士

次に、各部の道士の法位と伝授される経籙を示すと、以下の通りである。尚、各道士の授かる経籙は——線を附して表わす。

1　初入道儀
①　籙（原文は録）生弟子（男・七歳）

南生弟子（女・十歳）
——三戒・五戒
②　清真弟子（男）
清信弟子（女）
③　智恵十戒弟子（十五歳）
④　太上初真弟子（白簡道士）
——初真八十一戒
⑤　太上正一盟威弟子係天師某治某気祭酒赤天三五歩綱元命真人
——正一盟威籙二十四品。正一法文経一百二十巻。大章三百六十通。小章一千二百通。朝天醮儀三百座。修真要十巻。玉経三巻。指要三巻。太霊陰陽推遷暦六十巻。禁呪文五巻。按摩通精文三巻。修元命真文一千字。禹歩星綱一巻。

2　洞神部道士
⑥　太上洞神法師
——金剛洞神籙。洞神十二部経。

3　高玄部道士（亦た高上紫虚と云う）
⑦　太上紫虚高玄弟子

——太上高玄籙。

⑧　高玄法師（遊玄先生）

——道徳経。西昇経。玉暦経。妙真経。宝光経。枕中経。存思神図。太上文。節解。内解。自然斎法儀。道徳威儀一百五十條。道徳律五百條。道徳戒一百八十三科。

4　昇玄部道士

⑨　太上霊宝昇玄内教弟子

——太上昇玄籙。

⑩　昇玄真一法師（無上等等光明真人）

——昇玄籙一巻。昇玄誓戒三百條。明真科三巻。玉匱律三巻。昇天券一道。昇玄朝礼儀一巻。昇玄経十巻。

5　中盟洞玄部道士

⑪　太上霊宝洞玄弟子

——中盟籙九巻。計三十六階九券（思微定志券。金馬駅程券。五定解形券。自然券。大明券。三皇券。水官解七祖券。昇天券。解地根券。）

⑫　無上洞玄法師（東嶽先生青帝真人）

　　　　　　――霊宝洞玄一十二部。

6　三洞部道士

　⑬　三洞法師（東嶽青帝真人昇玄先生）

　　　――三洞宝籙二十四階、計二十四巻。券も亦た二十四道。

　　　　金鈕九双。銀鐶一十二対。金龍一対。玉魚一対。玉亀一。玉馬一。蒼玉簡一。

　　　　黄玉簡一。玄玉簡一。龍頭金刀一双。

　　　　三洞経教九真科法。

7　大洞部道士

　⑭　上清大洞三景弟子

　　　――上清金闕清精選法。

　⑮　無上三洞法師（東嶽真人道徳先生）

　　　――三官解祖考契。断地根券。昇天券。五帝大魔合保挙券。

　　　　三十二天帝君識功券。飛歩諸法金丹大訣。

　この七部の位階で注目すべき事柄は、第一に洞神部道士が高玄部道士の下位に置かれていて、道士の位階の序列に変動が見られること、第二に洞真部道士がなく、その代わりに三洞部道士という新しい名称の道士が存在すること、第三に最高位の道士が三洞部道士ではなく、大洞部道士になっていることである。しかし、同書によると、大洞部道士の法位は「上清大洞三景弟子」と「無上三洞法師」とあるので、最高位の道士の法位そのものは従来の位階制度と同じである。また、三洞部道士は中盟洞玄部道士の上位に置かれているから、従来の位階制度によれば、洞真部道士が配置される地位である。つまり、従来の洞真部道士の「洞真法師」の代わりに、新しく三洞部道士の「三洞法師」を置いたようである。洞真部道士の代わりに三洞部道士を置いた理由は判然としないが、三洞部道士の「三洞法師」に伝授される経籙が「三洞宝籙二十四階、計二十四巻、券も亦た二十四道」とあるので、三洞部道士は「三洞宝籙」のために設けられた新しい道士の位階のようである。そして、従来の「洞真法師」が受けていた上清経籙は三洞法師の受ける「三洞宝籙」や「三洞経教九真科法」、あるいは上清大洞三景弟子の受ける「上清金闕清精選法」に含まれてしまったようである。

『三洞修道儀』では、七部の道士以外に、次の三種の道士が存在するという。

8　居山道士

9　洞淵道士（三昧法師）

10　北帝太玄道士（上清北帝太玄弟子）

——北帝籙二巻。伏魔経三巻。天蓬経十巻。北帝禁呪経三巻。飛玄羽章経十巻。北帝降霊召魂経三巻。北帝雷公法一巻。酆都要籙三巻。伝鬼策三巻。北帝三部符一巻。北帝朝儀一巻。

居山道士は山林に住む道士であり、洞淵道士は洞淵三昧法を行う道士である。洞淵道士については、「その法は、上は飛天の魔を辟《しりぞ》け、中は五気を治め、下は萬妖を絶つ、亦た世を救うこと多し」（八b）とある。北帝太玄道士は「北帝籙二巻、伏魔経三巻、天蓬経十巻、北帝禁呪経三巻、飛玄羽章経十巻、北帝降霊召魂経三巻、北帝雷公法一巻、酆都要録三巻、伝鬼策三巻、北帝三部符一巻、北帝朝儀一巻」（八b－九a）の経籙を授かり、「六天鬼神・辟邪禳禍の事を治む」（九a）とある。

ここで注目される新しい事柄は北帝太玄道士の出現であろう。この道士に伝授される経籙の多くに「北帝」の神格名が冠されているところから、これらの経籙が六天の鬼魔を征伐する北帝神の信仰に基づくものであることがわかる。また、経籙の中に「北帝雷公法一巻」という雷法の道書もあるので、北帝太玄道士は雷法の道術にも通暁しているようである。北宋になると、天師道の道士のなかに、正規の受法のカリキュラムを受けた七部の道士以外に、北帝神の経籙と雷法の道術を修得した新しいタイプの道士が出現したようである。

また、『三洞修道儀』には女官の位階についても述べており、女官も男官と同様に、正式の位階は次の七段階に分けられている。

1　正一盟威女官　2　洞神女官　3　高玄女官　4　昇玄女官
5　中盟女官　6　三洞女官　7　上清女官

各部の女官の法位名は次の通りである。

1　正一盟威女官
①　玄都正一盟威女弟子（係天師君門下某治某気赤天三五歩綱元童）
2　洞神女官
②　太上洞神女弟子（洞霊元妃）
3　高玄女官
③　太上高玄女弟子（紫虚童君）
4　昇玄女官
④　太上昇玄女弟子（無上内教真一霊真妃）
5　中盟女官
⑤　太上霊宝洞玄女弟子
⑥　洞玄法師（東嶽夫人）
6　三洞女官
⑦　上清三洞女弟子
⑧　無上三洞法師（東嶽蒼霊夫人）
7　上清女官
⑨　上清大洞三景女弟子

⑩　無上三洞法師（東嶽蒼霊元君）

七部の位階の女官以外に、女官にも居山女道士がいるという。

８　居山女道士

⑪　大道女弟子

八　むすび

梁代初期より北宋初期までの天師道教団における受法のカリキュラムと道士の位階制度を見てきて、天師道の受法のカリキュラムと道士の位階制度の基本型が三洞四輔説に基づいて構成されていることが明らかとなった。梁代初期の天師道における道士の受法は、初めに四輔部の中の正一部の治籙、次に太玄部の経籙、その後で三洞部の経籙が伝授されるが、それは初めに洞神部、次に洞玄部、最後に洞真部の経籙という順番で行われる。道士の法位は伝授される経録の法目の高下によって順位が定められていて、梁初では道士の位階は清信道士・正一道士・高玄（道徳）法師・洞神法師・洞玄法師・洞真法師・大洞法師あるいは三洞法師に分けられていた。しかし、梁代末期から受法経典の中に『洞淵神呪経』と『昇玄経』が加わり、それとともに新しく洞淵神呪大宗三昧法師と昇玄法師が加わった。唐代には、梁末に形成された受法のカリキュラムの中に新たに「五法」と「河図」の経籙が洞真部の上清経籙の前に加わり、それらを受けた道士の法位も作られた。しかし、天師道の受法のカリキュラムと道士の位階の基本的な枠組み、すなわち正一部、太玄部、洞神部、洞玄部、洞真部の序列は、梁初より唐末・五代まで一貫して保たれており、この枠組みが崩れることはなかった。ところが北宋に入ると、天師道の受法のカリキュラムも改編されて、洞神部が太玄部の前に置かれたり、洞玄部の後に、洞真部に代わって三洞部が新しく設けられたりしている。更に正規のカリキュラムで受法した七部の道士以外に、北帝神の信仰に基づく新しい経籙を伝授された北帝太玄道士と呼ばれる道士が天師道の中に出現した。

天師道の受法の正規のカリキュラムでは、四輔部の中で正一部や太玄部よりもレベルの低い太平部と太清部の経籙は最初から除外されていて、天師道にはそれらを受けた道士の法位も存在していない。天師道の道士は太平部と太清部の経籙を正規の受法のカリキュラムを通じてではなく、それとは別に独自に学習していたようである。

天師道における受法のカリキュラムの解明によって確認された重要な点は、三洞部の経典の『三皇経』・霊宝経・上清経が天師道の受法の正規のカリキュラムの中に組み込まれている、という事実である。つまり、天師道では入門した道士が受法のカリキュラムに従って正一部と太玄部の経籙を修得した後、三洞の経法を伝授される。三洞の経法は初めに洞神の経法（三皇法）、次に洞玄の経法（霊宝法）、最後に洞真の経法（上清法）という順番で、同じ天師道教団の高位の法師から伝授される。

この三洞の経法の伝授の制度は早くに梁初の天師道において確立され、その後もこの制度は途絶えることなく、天師道の受法のカリキュラムの中で保持されてきたのである。

従来、世界の道教研究者の多くは、上清経は上清派が編纂し伝授してきた、あるいは霊宝経は霊宝派が編纂し伝授してきたと考えて、上清経を信奉し伝授するのが上清派、霊宝経を信奉し伝授するのが霊宝派と見なしてきた。そのために、これまで天師道における上清経や霊宝経の伝授に着目し、それを研究する学者はほとんどいなかった[15]。まれに上清経や霊宝経が天師道とも関わることを認めることがあっても[16]、その伝授の方法については上清経は上清派の間で、霊宝経は霊宝派の間で伝授されていたという見解に固執し、そのために天師道教団のなかに上清経を伝授する上清派や、霊宝経を伝授する霊宝派が存在するかのように考えてしまっている。しかし、この考えが誤りであることは、既に天師道における受法のカリキュラムを見てきて明らかであろう。

上清派という道流が上清経を作成し伝授しつつ、東晋の中頃より梁の陶弘景の頃までほそぼそと活動していたことは歴史的事実のようである。また他方で、劉宋の初期より天師道も上清経を厚く信奉し、天師道の道士の間で上清経が伝授されてきたことも歴史的事実である。上清派の活動は陶弘景以後暫くして停止してしまったようであるから、それ以降の隋唐期には上清経の伝授はもっぱら天師道の道士の間で行われていたのである[17]。

霊宝経に関しては、東晋末・劉宋初期に葛氏道の道士が一連の元始系霊宝経を編纂しているが、それと並行して天師道では劉宋の初め頃より、葛氏道の元始系霊宝経を積極的に摂取しつつ、自らも仙公系霊宝経を作成している。[18] その後、天師道では元始系霊宝経も仙公系霊宝経もともに信奉し、更に新しい霊宝経を述作しながら、連綿とこれらの霊宝経を天師道の中で伝授してきた。天師道以外には、『太真玉帝四極明科』[19]（HY一八四）によると、劉宋・南斉期の上清派でも霊宝経は伝授されていたようである。しかし、上清派の大成者陶弘景は霊宝経に対して批判的であり[20]、上清派自体も陶弘景以後暫くして消滅してしまったようであるから、上清派内での霊宝経の伝授は陶弘景が活躍する前の、劉宋末・南斉期頃までであったと推測される。[21] また、元始系霊宝経を作成した葛氏道は遅くとも劉宋末までには活動を停止し消滅している。[22] したがって、南斉末以降に霊宝経を尊尚して伝授してきたのは天師道のみであって、天師道以外に霊宝経を信奉し伝授していた教派は見当たらない。つまり、霊宝経をもっぱら信奉し伝授する霊宝派という教派（道流）は六朝・隋唐期には存在していないのである。

（1）　朱法満の生没年代については、その伝記を載せる宋・陳葆光撰集『三洞群仙録』（HY一二三八）巻十三には朱法満の生没年を知る手がかりとなる記載は全然ないが、元の鄧牧・孟宗宝著『洞霄図志』巻五・朱君緒（法満）伝には死没年時を「時に開元八年五月二十九日なり」と記す。この記事が何の資料に基づいているのか不明なためにその信憑性に不安を覚えるが、しかし「開元八年」の年号には何らかの根拠があるものと思われるので、朱法満は唐の則天武后の頃に活躍し、玄宗の開元八年（七二〇）頃に死没した道士と推測される。尚、『中華道教大辞典』（中国社会科学出版社、一九九五年八月）の「朱君緒

（?—七二〇）」の項では資料として『三洞群仙録』と『洞霄図志』を挙げている。拙著『中国の道教』（創文社、一九九八年七月）では「唐の後半期の道士朱法満」（二九九頁）と記しているが、「唐の中期の道士朱法満」に改めたい。

（2）拙稿「中国中世の道教の喪礼について」（『宗教研究』第七三巻三二三第四輯。日本宗教学会。二〇〇〇年三月）を参照。

（3）小稿の一部は、日本宗教学会第五十九回学術大会（駒澤大学、二〇〇〇年九月十五日）における研究発表（題目「梁朝初期の天師道における受法のカリキュラムについて」）に基づいている。

（4）道士の位階制度を論じた論文にクリストファー・シッペール「敦煌文書に見える道士の法位階梯について」（講座敦煌4『敦煌と中国道教』所収、大東出版社、昭和五十八年十二月）がある。この論文は唐初の道教における正一籙と天尊十戒十四持身品と『道徳経』の伝授儀に見られる道士の法位を中心に考察したものであるが、道士の位階制度の構造の捉え方は小稿とは大きく異なる。

（5）「泰玄都正一平気」という称号は、『三天内解経』（HY一一九六）巻上に「因りて自ら号して新出老君と為し、即ち張［陵］を太玄都正一平気三天の師と為し、張［陵］に正一盟威の道・新出老君の制を付す」（六a）とあるように、新出老君が張陵に授与した称号に由来するものであるから、天師道独自の称号である。

（6）『東方宗教』第四十七号（日本道教学会、一九七四年四月）六〇頁上段・下段、を参照。

（7）三洞説の成立とその思想については、拙著『六朝道教史研究』（創文社、一九九〇年十一月）第二篇第一章『九天生神章経』四、序の前半部と〈三洞説〉の成立、を参照。

（8）前掲の拙著『中国の道教』第二章第一節五、四輔説と道士の位階、を参照。

（9） 二孟の喪服儀の「五服」では、緦麻の治籙の條が正一部、小功の五千文の條が太玄部、大功の自然の條が洞神部と洞玄部、斉衰の大盟の條が洞真部に相当する。しかし、自然の條では洞神部の『三皇経』や『洞神経』の間に洞玄部の「中盟」の霊宝経が混入しているが、「五服」では大功に服する道士（孝子）が亡師より洞神部や洞玄部の経籙を授かった者であることを示せばよいので、混在させたまま記しているのであろう。実際の受法においては当然、洞神部の経籙が先、洞玄部の霊宝経が後である。

（10） 三洞四輔説と道士の位階制度との関係については、拙稿「三洞四輔與〝道教〟的成立」（『道家文化研究』第十六輯、生活・読書・新知三聯書店、一九九九年四月。本論文は一九九六年八月に北京で開催された第一回『道家文化国際学術検討会』で口頭発表したものである）と拙著『中国の道教』（創文社、一九九八年七月）第二章第一節五、四輔説と道士の位階、で既に考察しているが、天師道における受法のカリキュラムの解明によって天師道の道士の位階制度と三洞四輔説との密接な関係が一層明確になった。

（11） 『三洞奉道科誡儀範』の成立については、拙著『六朝道教史研究』第一篇第一章の注（8）、及び拙著『中国の道教』第二章第一節の注（9）を参照。更に、以下に述べることも、『科誡儀範』の梁の武帝期末成立説を補強するものである。

『伝授経戒儀注訣』（HY一二二八）は、唐初の王懸河『三洞珠嚢』に引用されている。たとえば、巻五の長斎品に「太玄経第八老子伝授経戒注訣に云う」、あるいは巻六に「太玄経第八老子伝授経戒注訣に云う」、とあるので、『伝授経戒儀注訣』は唐初には存在していたことは明らかであり、『伝授経戒儀注訣』は隋代の頃の作と考えられている。『伝授経戒儀注訣』は太玄部の経籙の伝授儀であるが、ここに掲載されている太玄部の経籙と、『科誡儀範』巻四・法次儀の「正一法位」の高玄弟子と太上高玄法師の授かる経籙とを比較対照してみると、次の諸点が注意される。第一は、『伝授経戒儀注訣』の太玄部巻第三と第四の「河上公章句」が『科誡儀範』では「河上真人注」となっていること、第二は太玄部巻第八の「老君伝授経戒儀注訣」が『科誡儀範』にはないこと、第三は太玄部巻第九の「老君自然朝儀注訣」が『科誡儀範』では「五千文朝儀」となっていること、第四は太玄部巻第十の「老君自然斎儀」がないが、しかし同じく隋代に編纂された『玄門大義』（ＨＹ一一一六）には「太玄都（部の誤り）老子自然斎儀」（一九ｂ）とあることとである。これらは『科誡儀範』が『伝授経戒儀注訣』よりも前に成立していたことを示唆している。『科誡儀範』にその名のない経典は『科誡儀範』成立時の天師道で伝授される太玄部の経籙の中に存在していなかったからであり、それが『伝授経戒儀注訣』に載せられているのは『伝授経戒儀注訣』成立時の天師道ではその経典が伝授されていたからである。このことから、『科誡儀範』の成立が『伝授経戒儀注訣』よりも前であることが明らかに知られよう。しかも、『科誡儀範』は「太玄都（部の誤り）老子自然斎儀」を載せる『玄門大義』よりも前に成立しているはずであるから、『科誡儀範』の編纂時期が隋以前であることはほぼ間違いない。

また「河上真人注」と「河上公章句」との関係は拙著『六朝道教史研究』の第二篇第二章『河上真人章句』と附の『老子道徳経序訣』で述べたように、「河上真人注」を「河上公章句」と呼ぶようになるのは『序訣』の形成以後であり、唐代では「河上公章句」あるいは「河上公注」と呼ぶのが一般的であって、「河上真人注」と呼ぶ例は見出せない。（ただし、敦煌資料の無注本「老子」（スタイン六八五三、ペリオ二四一七）の末尾の跋に、「太極左仙公序。係師定。河上真人章句」とあるのが唯一の例外である。しかし、河上公注を含めた経典を「河上真人注」と呼ぶ例は唐代には見出せない。）このことから見ても、『河上公章句』を「河上真人注」と表記する『科誡儀範』は唐以前、それも『序訣』成立以前の編纂と推定されるので、『科誡儀範』は梁の武帝期の末頃に成立したと考えるのが最も穏当であろう。

(12)『洞淵神呪経』十巻の成立については、拙著『六朝道教史研究』第二篇補論一、『太上洞淵神呪経』と『女青鬼律』と『太上正一呪鬼経』の成書年代について、を参照。また『昇玄経』の成立については、本書第四章を参照。
(13) 唐代の碑や題記や墓誌に見られる道士の法位については、第一章の注(10)を参照。
(14) 本書第一章注(11)及び第三章注(2)を参照。
(15) 道教研究者の多くは上清経は上清派で、霊宝経は霊宝派で信奉され伝授されてきたという通念にとらわれているために、張万福『伝授三洞経戒法籙略説』等に見られる経籙の伝授儀を考察する場合でも、最初の正一部の「正一法目」の経籙の伝授のみを天師道の科儀と見る、あるいは「正一法目」の経籙と次の「道徳法目」の中の『道徳経』の伝授のみを天師道の科儀と見て、その他の太玄部や洞神部や洞玄部や洞真部の経籙の伝授は天師道以外の別の道流（教派）、おもに太玄派や霊宝派や上清派の科儀と見るのが一般的である。尚、シペール博士の前掲論文では「正一法目」の経籙と『道徳経』の伝授のみを天師道の科儀と見ている。また、丸山宏「正一道教の受籙に関する基礎的考察——敦煌出土文書スタイン二〇三号を史料として」（『筑波中国文化論叢10』一九九一年）では正一部の治籙の伝授のみを「天師道すなわち正一道教の受道、受籙の儀礼」（四〇頁）と見ている。
(16) 神塚淑子『六朝道教思想の研究』（創文社、一九九九年二月）第一篇第五章注(5)を参照。
(17) 本書第一章及び拙著『中国の道教』第三章四、唐の「道教」、を参照。
(18) 拙著『六朝道教史研究』第一篇第三章霊宝経の形成、を参照。
(19)『太真玉帝四極明科』の成立年代については、大淵忍爾『初期の道教』（二八六頁、創文社、一九九一年十一月）、吉岡義豊「老子河上公本と道教」（三一九頁、酒井忠夫編『道教の総合的研究』所収、国書刊行会、一九七七年三月）、尾崎正治「四極明科の諸問題」（吉岡博士還暦記念『道教研究論集——道教の思想と文化』所収、国書刊行会、一九七七年六月）等に研究があるが、筆者は「四極明科」が『洞真太上大霄琅書』巻三に引用されているところから、劉宋末・南斉期の成立と考える。

(20)　陶弘景『真誥』巻十九翼真検第一に「復た王霊期という者有り、才思綺抜にして志は道を敷くを規《はか》る。葛巣甫の霊宝を造構して、風教大いに行わるるを見て、深く忿嫉する所なり」（一一ｂ）とある。ここで陶弘景は「葛巣甫が霊宝を造構した」と見ているが、「造構」という表現には、陶弘景の霊宝経とその作者葛巣甫に対する批判的な口吻が感ぜられる。また次の注(20)に引用されている『真誥』の注の文章でも霊宝経の信奉者に対する非難が見られるので、陶弘景は霊宝経を真経と認めてはいなかったようである。

(21)　陶弘景『真誥』巻十一・稽神枢第一の注に「唯だ三月十八日に輒《すなわ》ち公私雲集し、車は数百乗有り、人は将《まさ》に四、五千にならんとす。道俗の男女の状は、都市の衆の如し。看人（参詣人）は唯だ共に山に登り霊宝の唱讃を作《な》すのみ。事訖《おわ》らば、便《すなわ》ち散ず。豈に復た深誠に密契して神真を覩ることを願う者有らんや」（一三ｂ）、あるいは「遠近の男女互いに来たりて約に依りて周流すること数里、廨舎十余坊、而も上道を学ぶ者甚だ少なし。霊宝斎及び章符を修むるに過ぎざるのみ」（一五ｂ）とある。これらによると、劉宋末・南斉期には茅山周辺に霊宝経を信奉する者が多数いたようであるが、彼等は陶弘景によって「霊宝斎及び章符を修むるに過ぎざるのみ」と非難されているところを見ると、天師道の信者であったようである。

(22)　拙著『六朝道教史研究』（三八頁、三七五頁）を参照。

第三章　経籙の伝授における三師説と上清経籙伝授の系譜の形成

一　はじめに

唐の李渤は、貞元二十一年（八〇五）七月二十一日に廬山・白鹿洞の棲真堂で記した『真系』（『雲笈七籤』巻五所収）の序の冒頭で、次のように述べている。

今の道門の、経籙を以て授受すること、自《よ》りて来たる所は遠し。其の昭彰の尤《もっと》も著しくして、搢紳先生をして惑わざらしむるものは、晋の興寧乙丑（三六五）の歳、衆真降りて楊君（楊羲）に授くるに自《よ》ることとなり。

楊君は許君（許翽）に授け、許君は子の玄文（許黄民）に授け、玄文は経を馬朗に付す。景和乙巳（四六五）の歳、勅して経を取り華林園に入らしむ。明帝登極す。殳季真は啓して私廨に還《かえ》す。簡寂陸君（陸修静）は南下して崇虚館を立つ。真経尽く館に帰す。黄素方を按ずるに、因縁にて経に値《あ》うも、法に准《よ》りて奉修するも、亦た師授を同じくす。其の陸君の教えは楊・許の冑なり。陸は孫君（孫遊嶽）に授け、孫君は陶君（陶弘景）に授く。陶君が許令の遺経を捜摭《せき》すること、略ぼ尽くせり。

陶は王君（王遠知）に授く。王君は又た宗道先生（臧矜）より諸の勝訣を得て云う、経法秘典は大いに王に備われり、と。王は潘君（潘師正）に授け、潘君は司馬君（司馬承禎）に授け、司馬君は李君（李含光）に授く。李君より楊君に至るまで十三世なり。

この序によれば、『真系』は楊羲より李含光に至る真経（上清経籙）の伝授の系譜を述べたものであるという。従来、この系譜が上清派（茅山派）の道系を述べるものと解釈されてきたが、果してそれは正しい解釈であろうか。この問題については既に拙著『中国の道教』で少しく触れているが[1]、この解釈の是非についてより詳しく検討するために、本章では新たに天師道の経籙の伝授における度師・籍師・経師の三師の観念に注目し、三師との関連から上清経籙の伝授の系譜の成立について考察してみたい。

二　経籙の伝授儀における三師（度師・籍師・経師）の観念

一

三師の度師・籍師・経師の観念は南斉・梁初の頃の上清派によって編纂された『洞真太上太霄琅書』（HY一三四一）巻八・為師度弟子法に現れる用例がもっとも古いようである。為師度弟子法には度師・籍師・経師と三師の観念が次のように見える。

受経の後、普く宣化を弘むるに、人有りて法を楽しまば、津《わたり》て度師に達《いた》れ。度師若し過《し》すれば、籍師に帰せ。［籍師］已に昇れば、経師を尋ねよ。経師又た去れば、三師の同学に諸《ゆ》け。同学又た無くんば、三師の高足の弟子に付け。弟子又た闕《か》かば、諸の保証に就け。保証復た尽きなば、

有道に憑託せよ。（巻八・七a）

ここには、経典を受けた後に師事すべき師の順位が記されている。先ずは経典を授けてくれた度師につかえるべきであるが、その度師が死亡している場合は、籍師につかえるべきである。しかし、その籍師も死亡している場合は、経師につかえるべきである。その経師も死亡している場合は、三師の同学に就くべきである。その同学が死亡している場合は、三師の高弟につかえるべきである。三師の高弟もいない場合は保証に就くべきである。保証もいない場合は、有道者に依るべきである、という。

ここに見える三師とは度師・籍師・経師の三師を指し、天師道の経籙の伝授儀に見える三師と同じである。そして『洞真太上太霄琅書』巻五の伝諱訣第十三や『太霄琅書瓊文帝章訣』（ＨＹ一二九）の伝諱訣には、

凡そ経宝を伝うるに、要《かな》めは師と師の所師と所師の師との三人の、郷居・男女・位号・姓名・字・年・伝経の処所を存《ぞん》するに在り。弟子に付授し、黄素にこれを書し、佩帯して自ら随え、去失すべからず。（巻五・三b）

とあって、ここに云う「師と師の所師と所師の師」の三師は度師・籍師・経師の三師を指すようであるから、南斉・梁初の上清派においても度師・籍師・経師の三師は上清経籙の伝授に関わっていたようである。

三師の意味については、唐末・五代の道士劉処静(2)（杜光庭）撰『洞玄霊宝三師記』（ＨＹ四四四）

の序に「度師の師を籍師と曰う」（一b）、「籍師の師を経師と曰う」（一b）という定義が見えるので、籍師は度師の師であり、経師は度師の師の師のようである。この点は先の『洞真太上太霄琅書』の伝諱訣でも同様であり、「師と師の所師と所師の師」の三師とは、師（度師）と師の師（籍師）と師の師の師（経師）を指すのである。経籙の伝授における三師の意義は上清派においても天師道においても同じであった。

二　天師道においていつ頃から経籙の伝授で三師を立てるようになったのかは明らかでないが、梁初の頃には天師道でも経籙の伝授の際に三師を立てていたようである。そのことを示す史料が、唐の中期の道士朱法満撰『要修科儀戒律鈔』（HY四六三）巻十五と巻十六に所収の朱法満編『道士吉凶儀』成服儀第六である。そこでは三師について次のように記している。

　経師　籍師

　　右、二孟云う、二人にして服を言う。経師には小功、籍師には大功。亦た復た師（度師）の軽重を看る。　（巻十六・九a―b）

ここにいう「二孟」とは梁の孟景翼（大孟）と孟智周（小孟）のことであり、「二孟云う」というのは二孟の作成したそれぞれの《喪礼儀》の中で述べられている、という意味である。二孟の《喪礼儀》[3]の中で、経師と籍師が死亡した際の喪服の期間について記されているということは、二孟の

《喪礼儀》が編纂された梁初の天師道において、経籙の伝授の際に度師と籍師と経師の三師を立てることが実際に行われていたことを示唆している。経籙の伝授の際に三師が立てられていたからこそ、その三師が死亡した際には経籙を伝授された弟子は一定の期間喪に服さなければならないのである。このことは、この箇所の注記を見ても明らかに知られる。注記は次のようにいう。

師の軽重を看るとは、師（度師）の為に三年なれば、籍師の為には一期（一年）、経師の為には大功なり。師の為に一期なれば、籍師には大功、経師には小功なり。師の為に大功なれば、籍師には小功、経師には三日（月の誤り）なり。師の為に小功なれば、籍師には三月、経師には服無し。

（巻十六・九b）

ここで師（度師）が死亡した際の弟子の服喪期間が斬斉《ざんさい》の三年、斉衰《しさい》の一年、大功《だいこう》の九月、小功《しょうこう》の五月、緦麻《しま》の三月に分けられているが、この服喪期間の差異は弟子が死亡した師（度師）から伝授された経籙の違いによるものである。具体的に言えば、弟子が死亡した師（度師）から治籙の條の符籙を受けただけの場合には緦麻三月に服し、五千文の條の経籙を受けた場合には小功五月に服し、自然の條の経籙を受けた場合には大功九月に服し、霊宝大盟の條の経籙を受けた場合には斉衰一年に服し、五千文と自然と大盟の三條の経籙を受けた場合には斬衰三年に服するのである。[4] そして右の注記では、師（度師）のための喪服のすべての種類に合わせて、籍師と経師のための喪服の種類がそれぞれ定められているが、これはいずれの條の経籙を授かる時にも度師とともに籍師と経師が存在していたことを示唆している。つまり、弟子が天師道に入門して治籙を授かる場合にも、あるいは五千文の條の経籙を授かる場合にも、自然の條の経籙を授かる場合にも、霊宝大盟の條の経籙を授かる場合にも、いつも三師が存在していたのである。この注記が二孟の「師の軽重を看る」という言葉に対するものであることから推測すれば、梁初の天師道において経籙を弟子に授ける際には、いかなる経籙の伝授においても三師を立てていたことが知られよう。

『洞玄霊宝玉籙簡文三元威儀自然真経』（ＨＹ五三〇）では、三師の意義と三師に仕える弟子のあり方を次のように述べている。

中元玉籙簡文神仙品曰く、奉師威儀。経師は則ち経の始めなり。故に宜しく礼を三宝の宗に設くべし。籍師は則ち師の師なり。故に宜しく礼を生死の録籍に設くべし。曰う所の度師とは、則ち受経の師にして、我を五道の難より度《すく》う。故に応に礼を学を為すもの（者）に設くべし。三師を尊ばざれば、則ち三宝は降らず、三界は敬せず、鬼魔は身を害す。（一ｂ－二ａ）

同じく『洞玄霊宝玉籙簡文三元威儀自然真経』では、三師に対して取るべき弟子の態度を次のように記している。

中元玉籙簡文神仙品曰く、奉師威儀。宜しく焼香すべし。凡そ仙道を修するに、当に経師の所在の方を思いて、心に拝すること三過なるべし。師が仙道を得て、我が身が昇度するを願う。

中元玉籙簡文神仙品曰く、奉師威儀。経師を思いて礼拝す。畢《おわ》らば、次に籍師の所在の方を思いて、心に拝すること三過。師が飛仙を得て、我が為に七祖父母を開度し、早く天堂に昇らしめ、我は道真を得て、昇りて無形に入るを願う。

中元玉籙簡文神仙品曰く、奉師威儀。籍師を思いて、畢らば、次に度師の所在の方を思い、心に拝すること三過。師が昇度を得て、上りて高仙に登り、我が為に五苦八難を開度し、名を仙録に入らしめ、永く真人と成るを願う。

（一a—b）

弟子は経師・籍師・度師の順にそれぞれの師の所在する場所を思い浮かべ、心の中でその師に対して三回ずつ拝礼しなければならないという。『洞玄霊宝玉籙簡文三元威儀自然真経』の成立年代は明らかでないが、『無上秘要』（HY一一三〇）巻三五に引用されているところから、北周・武帝の末年以前の成立であることが確かめられる。またこの霊宝経が敦煌本『三洞奉道科誡儀範』[5]（ペリオ二三三七）巻四・法次儀の「正一法位」の「霊宝中盟経目」に載せられていないことから推測すると、その成立は梁の武帝の末年以後のようである。即ち、この霊宝経は梁末・陳初の頃の南朝天師道によって編纂されたと見れば、大過なかろう。そうすると、この頃の南朝天師道では経籙を伝授された道士は経籙を授けてくれた度師と、その師の籍師と、更に籍師の師である経師とに対して、心の中で常に感謝と尊敬の念をもって接するように指導されていたことがわかる。

陳・隋の頃に成立した『伝授経戒儀注訣』[6]（HY一二二八）書三師諱法第六では、太玄部の経籙を伝授する際に、下記のように、三師の居住地と法位と姓と諱《いみな》と字《あざな》と年齢とを五寸幅の黄色の絹に黒い墨で書くように定めている。

書三師諱法（三師の諱を書するの法）第六

某年太歳某某月朔日某子に、某郡県郷里の男女弟子の姓名・若干歳の某は、某州郡県郷里の某の山館・宅舎に於いて道徳五千文・三品要戒を受く。三師の姓諱は左の如し。

度師は某州郡県郷里の男女官道士、先生の姓は某、諱は某、年は如干歳、字は某なり。

籍師は某州郡県郷里の男女官道士、先生の姓は某、諱は某、年は如干歳、字は某なり。

経師は某州郡県郷里の男女官道士、先生の姓は某、諱は某、年は如干歳、字は某なり。

右、黄素五寸に墨書す。（九ａ－ｂ）

梁朝前半期の天師道の作である『正一威儀経』（ＨＹ七九〇）の「正一受道威儀」にも「受道畢《おわ》らば、黄書を以て三師の名諱・形状・年幾を書す。壇に登るに及びて、三師五保は弟子に与う」（四ｂ－五ａ）とある。

三　唐代初期の三洞弟子京太清観道士張万福編録『洞玄霊宝三師名諱形状居観方所文』（ＨＹ四四五）では冒頭で次のように記している。

万福曰く、経に云う、師に非ざれば度せず、師に非れば仙せず、と。又た云う、先ず三師を存《ぞん》し、然る後に行道す、と。凡そ厥《そ》の読経・講誦・行道・焼香・入室・登壇は、皆な先ず師に礼し存念《ぞん》す。次に当に願を起こして九祖及以《および》己が身を開度すべし。此の法に遵わざれば、真霊降らざるなり。師を礼するには、則ち須らく方所を知るべし。存念するには、則ち審らかに形容を識るべし。受道の辰《とき》、師は当に指綬（授の誤り）すべし。故に正一より以上、洞真に至るまで、三師の名諱・形状・住観・方所を参《あずか》り受く。並びに具に左に儀《のっと》るのみ。（一a）

これによると、経籙の伝授の際に師は弟子に度師・籍師・経師の三師の名諱・容姿・居住の道観・道観の所在地を教示し、弟子は読経・講誦・行道・焼香・入室・登壇のすべての場合に、常に三師を思い出し、心の中で三師に敬礼しなければならないという。そしてこの三師の道観・法位・姓名等の教示は、正一部から洞真部までのすべての経籙の伝綬の際に行われるべきものであるという。同書では、この文に続いて、「正一師諱」「五千文師諱」「神呪師諱」「洞神師諱」「昇玄師諱」「洞玄師諱」「上清師諱」の項目を立てて、経籙を授ける際に師が弟子に教示する三師の所在地、道観、法位、姓名、年齢、容姿等の書き方を経籙の部ごとに指示している。ここではその中の「上清師諱」だけを紹介したい。

上清師諱

国号年歳月日に、大洞三景弟子の某嶽某帝真人の某甲は、年は若干歳なり。今、某所の霊峰幽谷に於いて上清の七券四契・観身大戒・宝経符籙・太上の神文を受く。三師の名諱は左の如し。

経師は、某州県観の大洞法師なり。姓は某、諱は某、年は若干歳、形状は、……

籍・度の師は〔これに〕例《なら》う。

臨壇の証明の三洞法師の某嶽某帝真人の某甲は、年は若干歳なり。

下の二は〔これに〕例う。

右、黄素に墨書す。師は香を熕《た》きて、これを授く。弟子は一師の諱を受くる毎《ごと》に再礼を三たびす。若し師に諸の兼別有らば、経の如くこれを写し授く。諳錬し已らば、法と同じく緘《と》ず。其の六明・五保・三証は、存念の限《かぎり》に非ずと雖も、是れ我が成就の因なれば、亦た宜しく存憶し、入真の階と為すべし。故に編記す。（四ａ－五ｂ）

ここで度師・籍師・経師の三師と、証明の三師（三証）すなわち、三師五保の三師とが区別されていることに注意してほしい。この二種の三師は先に引用した『正一威儀経』でも区別されているので、この区別は既に梁初の天師道の経籙伝授の儀式において行われていたものと推測される。

度師・籍師・経師の三師は経籙伝授の儀式を実際に執り行う三師五保とは違い、弟子に経籙を授ける度師以外の二師は通常は儀式に参加していないので、経籙を伝授される弟子が儀式で自分の籍師や経師に出会うことはない。また、自分に経籙を授ける度師の師である籍師や、その籍師の師である経師にはこれまでに一度も面会したことがないという弟子も多いはずである。そうすると、経籙を伝授される弟子たちの多くは自分の籍師や経師とは面識がないのが普通であるから、経籙の伝授の際に三師の居住する道観や法位や姓名や年齢や容姿や容貌を記した黄絹が弟子に授けられていなければ、弟子は読経や講誦や行道や焼香や入室や登壇の際に、三師を心の中に思い浮かべて拝礼することができないのである。それゆえ、経籙の伝授の際に三師の情報を記した黄絹を弟子に授けることは、天師道の経籙の伝授において不可欠な儀式であった。

張万福の『洞玄霊宝三師名諱形状居観方所文』によって、唐の初期の天師道でも正一、太玄（五千文）、洞淵（神呪）、洞神、昇玄、洞玄、洞真（上清）の各部の経籙の伝綬において、師は必ず度師・籍師・経師の三師一人一人の所在地、道観、法位、姓名、年齢、容姿等を黄絹に墨書して弟子に授けなければならなかったことが知られる。同じく唐代の天師道の作と推測される『受籙次第法信儀』（HY一二三四）の「三師諱」の項でも、正一部から洞真部に至るすべての経籙の伝授において、三師の道観・法位・姓名・年齢・容貌を弟子に教示するように記している。『受籙次第法信儀』は明代でも用いられていたようであり、道蔵本では年号がすべて「大明某年」となっている。このことから、明代の天師道（正一派）でも経籙の伝授において三師の教示が行われていたことが知られる。

三　『洞玄霊宝三師記』における上清大法の伝授の系譜

一

天師道では経籙の伝授の際に、なぜ度師・籍師・経師の三師のことを弟子に知らせるのであろうか。これは経籙を受けた弟子に、その経籙を伝授してきた三師に対して感謝と尊敬の気持ちを起こさせるためである。弟子は経籙の伝授の際に三師を教示されることによって、自分に授けられる経籙が経師から籍師、籍師から度師へと伝授されてきた経籙であることを知り、三師に対して深い感謝と尊敬の念を抱くようになるのである。天師道では、経籙を受けた道士は読経や講誦や行道や焼香や入室や登壇の際に、三師を心の中に思い浮かべて三師に拝礼しなければならない、と説くのも、道士は三師の恩を決して忘れてはならないからである。

ところで、三師に対する感謝と尊敬の気持ちが強まれば、弟子はおのずと尊敬する三師を誇りに思うようになるであろう。とりわけ三師が高名な道士の場合には、弟子は高名な道士を三師にもつことを名誉に思い、経籙の伝授の系譜において自分が高名な三師に連なることに優越感さえ覚えるに違いない。

伝授される経籙が正一部や太玄部のような低いレベルの経籙の場合には、三師の違いは経籙を受ける道士のプライドにそれほど深刻な影響をもたらさないであろうが、三洞四輔部の中で最高のレベルの洞真部の上清経籙を伝授された場合には、三師の違いは経籙を受ける道士のプライドにも影響を与え、更に道教界での評価も大きく異なるので、高名な三師をもつ道士はことさらに三師を鼓吹して、自分の名誉を高めようとするのである。上清経籙の伝授の系譜の形成は、高名な三師をもつことを名誉と思う、この考え方と深く関わるようである。

二　劉処静（杜光庭）撰『洞玄霊宝三師記』には、唐の貞明六年（九二〇）七月十五日に記された劉処静（杜光庭）の序が付されているが、劉処静（杜光庭）はその序において三師の意義を次のように記している。

是《これ》より奕葉紹承して、師師綬（授の誤り）度し、上は元始より下は茲《こ》の辰《とき》に逮《およ》ぶまで、故《もと》より受道にて尊奉せらるるは、其れ度師たるか。度師の師を籍師と曰う。籍とは嗣《つ》ぐなり。真乗を嗣籍して、凡を離れ道に契《かな》うなり。籍師の師を経師と曰う。経とは由るなり。師に由りて開悟し、凡を捨てて仙に登る。三師の重きは祖宗に媲《なら》う。祖宗は能くこれを伝うるも、而も兆《われ》をして道に致さしむる能わず。父母は能くこれを生ずるも、而も兆をして昇仙せしむる能わず。師を奉ずるの道は以て過ぐる無し。儒家の在三の義も、能くこれに及ぶこと莫し。（一b―二a）

この序文からわかるように、『洞玄霊宝三師記』は劉処静（杜光庭）が自分の三師を賛美するために書いたものである。劉処静（杜光庭）の三師は、『洞玄霊宝三師記』の三師の條によれば、

経師は南嶽の上清大洞の田君なり。諱は虚応、字は良逸、斉国の人なり。（以下省略）（二b）

籍師は天台山桐柏観の上清大洞の三徴君の憑君なり。諱は惟良、長樂の人なり。（以下省略）（四a）

度師は天台山道元院の上清大洞の道元先生の賜紫の応君なり。諱は夷節、字は適中。祖は汝南の人なり。東晋のとき婺《ぶ》女の金華山に居る。今は東陽郡の人と為る。（以下省略）（五b）

とある。すなわち、劉処静（杜光庭）の度師は応夷節（八一〇－八九四）、籍師は憑惟良、経師は田虚応である。度師の応夷節は杜光庭（八五〇－九三三）の師でもあり、当時の道教界では高名な道士である。度師の項では応夷節の履歴を記して、教学における功績を称えている。籍師の憑惟良については、優れた門弟の多いことを賞賛して、

門人は三洞の応君夷節、玉霄の葉君蔵質、字は含象、仙都の劉君処静、金庭の沈君観無、皆な法葉の仙枝にして、輝映相継ぎ、海内に盛んなり。（四ｂ－五ａ）

と記している。経師の田虚応についても、

武宗皇帝は徴して天師と為し、国に入りて道を伝えしむ。今、江浙の三洞の法は先生田君を以て祖師と為す。（三ｂ）

と述べて、天師道の三洞の法が江南の地に流行したのは経師田虚応の功績であると称えている。これらの記述から、劉処静（杜光庭）の三師に対する深い尊敬の念が感ぜられて、劉処静（杜光庭）が自分の三師を非常に誇らしく思っていることがわかる。

三　劉処静（杜光庭）は『洞玄霊宝三師記』の度師の項で、

上清の大法を以て、句曲の陶真人（陶弘景）より昇玄王真人（王遠知）に伝う。王は体玄潘真人（潘師正）に伝う。潘は貞一司馬真人（司馬承禎）に伝う。司馬は南嶽の薛天師季昌（薛季昌）に

伝う。薛は衡山の田先生良逸（田良逸）に伝う。田は天台の棲瑤の憑徴君惟良（憑惟良）に伝う。憑は先生（応夷節）に伝う。（六a－b）

と記して、上清の大法が陶弘景から王遠知、王遠知から潘師正、潘師正から司馬承禎、司馬承禎から薛季昌、薛季昌から田良逸、田良逸から憑惟良、憑惟良から応夷節へと伝授されてきたことを述べている。この上清大法の伝授の系譜に見える「先生」が、劉処静（杜光庭）に上清経籙を授けた度師の応夷節であり、憑惟良が劉処静（杜光庭）の籍師、田良逸が劉処静（杜光庭）の経師である。このことから、上清大法の伝授の系譜が上清経籙の伝授における三師に基づいて形成されていることがわかる。具体的に言えば、劉処静（杜光庭）の度師の応夷節に上清経籙を授けた度師が憑惟良、籍師が田良逸、経師が薛季昌であり、憑惟良に上清経籙を授けた度師が田良逸、籍師が薛季昌、経師が司馬承禎であり、田良逸に上清経籙を授けた度師が薛季昌、籍師が司馬承禎、経師が潘師正であり、薛季昌に上清経籙を授けた度師が司馬承禎、籍師が潘師正、経師が王遠知であり、更に司馬承禎に上清経籙を授けた度師が潘師正、籍師が王遠知、経師が陶弘景である、と考えて、上清大法の伝授の系譜が形成されているのである。このように、系譜を作成するときには系譜の最後に位置する劉処静（杜光庭）を起点にして、先ず劉処静（杜光庭）の三師、次に劉処静（杜光庭）の師の三師と、次々にそれぞれの師の三師を弟子から師へと遡る方法で系譜を構成していくのであるが、そうして出来上がった系譜を実際に記述するときには、古から今に至る時間の流れに従って、系譜の最初の陶弘景から弟子の王遠知、次に王遠知から弟子の潘師正へと、師から弟子に順次に伝授されて最後の劉処静（杜光庭）に至ったように記すのである。

ここで注意しておきたいことは、『洞玄霊宝三師記』に見られる上清大法の伝授の系譜は上清経籙を授かった天師道の道士の中から三師説によって選んだ特定の道士の系譜である、ということである。つまり、右の系譜に見られる道士は、陶弘景を除いて、すべて天師道の道士である。例えば、劉処静（杜光庭）の経師田虚応は『洞玄霊宝三師記』の三師の経師の項で、先にも引用したように、「武宗皇帝は徴して天師と為し、国に入りて道を伝えしむ。今、江浙の三洞の法は先生田君を以て祖師と為す」と記されており、ここに田虚応が武宗皇帝から天師道では特別に栄誉のある「天師」の称号を与えられた、また天師道の三洞の経法を江南の江浙の地に広めた道士として描かれているので、田虚応が天師道の道士であることは明瞭であろう。あるいは籍師の項に、

貞一（司馬承禎）・田君（田虚応）を以て旧《ふる》く三洞の道を伝え、江南に行わる。（四b）

とあって、司馬承禎や田虚応が天師道の三洞の経法を江南の地に広めたように述べているので、司馬承禎も田応虚とともに天師道の道士と見なされている。

また『洞玄霊宝三師記』に載せる劉処静（杜光庭）の度師の応夷節が受けた経籙の経歴を見ても、応夷節が天師道の道士であることは明瞭である。応夷節の受法の経歴は次のように記されている。

年十五にして天台に入り、正一を参《あずか》る。十七にして高玄紫虚を佩ぶ。十八にして龍虎山の係天師

十八代孫［張］少任を詣でて、三品・大都功を受く。二十四にして霊宝真文と洞神・洞玄の法を参《あずか》る。二十九にして昇玄に進む。三十有《ゆう》二にして上清大洞・廻車畢道・紫文素帯・藉地騰天の符を受く。（6a）

これを見ると、応夷節は十五歳の時に天台山で正一の経籙を受け、十七歳で高玄（道徳）の経籙を受け、十八歳の時に龍虎山で十八代天師から高玄（道徳）の三品要戒と都功版を受け、二十四歳で洞神と洞玄の経法を受け、二十九歳の時に昇玄の経法を受け、三十二歳で上清の諸経籙を受けているので、応夷節が天師道の道士の受法のカリキュラムに従って教育を受けていることがわかる。(8)

『洞玄霊宝三師記』によれば、劉処静（杜光庭）の度師応夷節も、籍師憑惟良も、経師田虚応も皆、天師道の上清大洞法師の法位を受けている。このことから、この三師をもつ劉処静（杜光庭）も天師道の道士であることが確認できる。

劉処静（杜光庭）とその三師が天師道の道士であれば、劉処静（杜光庭）が三師説に基づいて作成した上清大法の伝授の系譜も、三洞の洞真部の上清経籙を伝授された天師道の道士の系譜であることは容易に推察できよう。

四　仮に、天師道における上清経籙の伝授の次第を、古から今に至る時間の流れに従って系譜にまとめようとすれば、その系譜は師資の系統が途中で細かに枝分かれした、非常に複雑なものができるはずである。なぜならば、上清経籙を伝授された一人の道士が自分の複数の弟子に上清経籙を授ければ、その弟子たちもまた自分たちの複数の弟子に上清経籙を授けることができるので、上清経籙を伝授された道士の数は代を重ねるごとに増加していくからである。

ところが、『洞玄霊宝三師記』の上清大法の伝授の系譜では陶弘景から劉処静（杜光庭）に至るまでの系譜が一本線で繋がっている。これは劉処静（杜光庭）を起点にして、三師を通じて陶弘景に向かって遡るかたちで系譜を意図的に構成しているからである。『洞玄霊宝三師記』の経師の項には、

先生（田虚応）の門弟子、達する者四（三の誤り）人。栖瑤の憑君惟良、香林の陳君寡言、方瀛の徐君霊府。（３ａ－ｂ）

とあるように、劉処静（杜光庭）の経師である田虚応には三人の高弟がおり、憑惟良以外に陳寡言と徐霊府がいた。この記載から見ると、陳寡言と徐霊府も当然、上清経籙を田虚応から授かっているはずである。しかし、劉処静（杜光庭）の上清大法の伝授の系譜では憑惟良のみが取り上げられている。これは劉処静（杜光庭）を起点にして、上清経籙の伝授の系譜を三師説に基づいて構成すると、憑惟良だけが劉処静（杜光庭）の籍師に相当するからである。

このように劉処静（杜光庭）の上清大法の系譜には、陶弘景以後に上清経籙の伝授された天師道の道士の全員が記されているわけではなく、まさに劉処静（杜光庭）とその三師に連なる特定の道士だけが記されているのである。これは、繰り返して言うが、劉処静（杜光庭）を起点にして、三師説に

基づいて上清経籙の伝授の系譜を意図的に構成したからである。

ところで、劉処静（杜光庭）の作成した上清大法の伝授の系譜において、なぜ系譜の最初に陶弘景（四五六－五三六）を置くのであろうか。これは上清経籙の系譜を権威付けるためである。なぜならば、陶弘景は天師道においても早くから上清経籙の権威者として認められていたので、上清経籙の伝授の系譜の最初に陶弘景を置くことは系譜そのものが権威あるものとなり、系譜の最後に位置する劉処静（杜光庭）の名誉も高まるからである。そうすると、劉処静（杜光庭）が上清大法の伝授の系譜を記すのは、経師田虚応、籍師憑惟良、度師応夷節の三師の権威と劉処静（杜光庭）自身の名誉を高めるために行ったものであることがわかる。

四　李渤の真系の意味

一　李渤の『真系』は、真人たちが東晋の楊羲（三三〇－三八六）に降って授けた真経（上清経籙）の、楊羲から唐の李含光（六八三－七六九）に至るまでの間の伝授の系譜（真系）とその系譜に関わる人々の伝記を記したものである。ここでは真系がいかなる意図のもとに、どのように構成されているのかを考えてみたい。

真系作成の意図を分析するには、先ず、真系が李含光で終っていることに注目すべきであろう。

『真系』の序によれば、真系は楊羲から始まり、李含光に終っているが、その系譜の制作は李含光を起点にして、李含光に上清経籙を授けた司馬承禎（六四七―七三五）、その司馬承禎に上清経籙を授けた潘師正（五八四―六八二）、というように、次々に上清経籙の伝授者を弟子から師へと遡り、最後に楊羲に至っているのである。ここで仮に楊羲を出発点にして上清経籙の伝授の系譜を作成したとすれば、その系譜は途中で幾つにも枝分かれする複雑な系脈で構成されるはずであるが、真系では上清経籙の伝授の系譜が楊羲から李含光まで一本線で繋がっている。それは上清経籙の伝授の次第を、李含光を出発点にして楊羲に至るように逆行して作成しているからである。

真系の作成の方法をこのように分析してくると、真系においては李含光がもっとも重要な人物であることに気がつくであろう。李含光を系譜作成の起点に置いているのは、この系譜が李含光のために作られたものであることを意味しているからである。劉処静（杜光庭）撰『洞玄霊宝三師記』の上清大法の伝授の系譜では司馬承禎の弟子として李含光を取り上げず、薛季昌を取り上げていたのを参照すれば、真系で司馬承禎の弟子たちの中から敢えて李含光だけを取り上げているのは、真系が李含光を称えるために作成されたものであることを示唆していよう。

二　李含光を起点にして上清経籙の伝授の次第を作成した系譜の先例として顔真卿（七〇九―七八四）撰『茅山玄静先生広陵李君碑銘』（『茅山志』巻二十三所収）と隴西の李白（七〇一―七六二）撰

『唐漢東紫陽先生碑銘』（『茅山志』巻二十四所収）がある。そこで先ず、これらの碑に記されている系譜の意味を考えてみることにする。

顔真卿の碑は唐の大暦十二年（七七七）五月に建てられたものであるから、その作成は『真系』の二十八年前である。この碑では、上清経籙の伝授の次第を次のように記している。

初め隠居先生（陶弘景）は三洞の真経を以て昇玄先生（王遠知）に伝え、昇玄は体玄先生（潘師正）に付し、体玄は貞（原文は正）一先生（司馬承禎）に付し、貞（原文は正）一は先生（李含光）に付す。先生より隠居を距《へだ》つこと、凡そ五葉なり。（巻二十三・六a）

ここでは、陶弘景、王遠知（？―六三五）、潘師正、司馬承禎、そして李含光へと上清経籙が伝授されてきたように述べている。この系譜で注意すべき点は、陶弘景から李含光までに伝授されてきた上清経籙を「三洞の真経」と呼んでいることである。このことから、陶弘景から李含光に至る上清経籙の伝授が天師道の三洞の経法に基づく、洞真部の上清経籙の伝授であることがわかる。このことは李含光が天師道の道士であることからも確認できる。顔真卿の碑には、

［天宝］七載の春に洎《いた》りて、玄宗は又た三洞の真経を受けんと欲す。其の春の三月を以て中官は璽書を賚《たま》わる。云う、其の月の十八日に剋《よ》く経誥を受けん、と。是の日に大同殿に於いて潔らかに其の事を修め、遂に遥かに先生を礼して度師と為す。併せて衣一襲を賜い、以て師資の礼を申《の》ぶ。因りて玄静を以て先生の嘉号と為す。（五a―b）

とあり、ここに玄宗皇帝が李含光から三洞の真経を受けることが記されているので、李含光が天師道の道士であることがわかる。また『太上慈悲道場消災九幽懺序』（ＨＹ五四三）では李含光を「三洞法師玄静先生李含光」と記しているので、李含光が天師道の道士の位階としては最高位の「三洞法師」の地位にいたことが知られる。李含光が玄宗皇帝に三洞の経法を伝授できたのも、天師道では最高位の「三洞法師」の地位にいたからである。

隴西の李白撰『唐漢東紫陽先生碑銘』には、

陶隠居（陶弘景）は升玄子（王遠知）に伝え、升玄子は体玄（潘師正）に伝え、体玄は貞一先生（司馬承禎）に伝え、貞一先生は天師李含光に伝う。（巻二十四・一七ｂ－一八ａ）

とあって、陶弘景から王遠知、王遠知から潘師正、潘師正から司馬承禎、司馬承禎から李含光へと経籙が伝授されたことを記している。この碑文は紫陽先生李含光を称えるために書かれたものであるから、この伝授の系譜も当然、李含光を称えるためのものである。そして天師道の道士としては最高に栄誉のある「天師」(9)の称号が李含光に冠されていることから、李含光が天師道の道士であることも確かめられる。

顔真卿の碑には玄宗が「遂に遥かに先生を礼して度師と為す」とある。このことから、当時の天師道では経籙の伝授の際に三師を定める制度が実施されていたことが確かめられる。そうすると、顔真卿の碑に見られる上清経籙の伝授の系譜も、李白の碑での系譜も、上清経籙の伝授に関わる三師に基づいて構成されていることがわかる。つまり、陶弘景から李含光に至る上清経籙伝授の系譜は、初めに李含光とその三師の度師司馬承禎、籍師潘師正、経師王遠知を置き、更に遡って司馬承禎の経師、潘師正の籍師、王遠知の度師として、陶弘景を置くというかたちで作られているのである。

天師道における上清経籙の伝授者の中に上清派の陶弘景を入れるのは不自然に思われるかも知れないが、しかし陶弘景は存命中から既に上清経籙の権威者として天師道の道士たちに尊敬されていた。梁の孟景翼や孟智周の《喪礼儀》には陶弘景の『真誥』が引用されており、梁初の天師道では道士の受法のカリキュラムの中に陶弘景の『真誥』を摂取している。(10) 梁の武帝の末期に編纂された『三洞奉道科誡儀範』にも、無上洞真法師の受ける経籙の中に陶弘景の編纂した『登真隠訣』と『真誥』が含まれている。陶弘景が上清経籙の最高の権威者であることは天師道の道士たちも早くから認めていたのである。したがって、自分に伝授される上清経籙が陶弘景に由来するものであると知れば、伝授された道士はそれを非常に名誉なことと思うに違いない。顔真卿は李含光に伝授された上清経籙が陶弘景に由来することを、李含光にとって大変に名誉なこととして「先生より隠居を距《へだ》つこと、凡そ五葉なり。」と記したのである。

顔真卿や李白の碑に記されている上清経籙の伝授の系譜の意味をこのように見てきて、再び李渤の真系にもどってみると、李渤の真系が、上清経籙の伝授の次第を陶弘景から李含光までとする点において、顔真卿や李白の碑文とまったく同じであることがわかる。そうすると、陶弘景から李含光に至る箇所は、顔真卿や李白の碑の系譜と同様の方法で作成されていると考えてよいであろう。つまり、李含光を起点にしてその三師を遡るかたちで系譜を作成しているのである。

三　真系が三師説に基づいて構成されていることは、次の事実からも確認できる。真系では潘師正が司馬承禎に上清経籙を授けたことになっているが、実は潘師正から上清経籙を伝授された弟子は司馬承禎だけではない。『真系』の中嶽体玄潘先生の條に、

弟子十八人、並に皆な殊に秀然たり。鸞姿鳳態にして、眇《はる》かに雲松に映ずる者、韋（韓の誤り）法昭、司馬子微、郭崇真有り。皆な訓《おし》えを瑤庭に禀《う》け、密かに瓊室に受け、玉清の業を専らにし、下仙の儔《ともがら》を遺《わす》る。（巻五・一四ａ）

とあって、潘師正の高弟には司馬承禎のほか、韓法昭と郭崇真がいたことを伝えている。そうすると、この二人も司馬承禎と同様に、潘師正から上清経籙を授かっているはずである。ところが、真系では潘師正から上清経籙を授かった弟子の中にこの二人を加えず、司馬承禎のみを選び出している。これは司馬承禎が李含光の度師であるからである。このことから、真系の系譜が三師説に基づいて作成されていることが確かめられよう。

ところで、『真系』では真系に載せる陸修静（四〇六－四七七）以後の道士を天師道の道士と見なしている。『真系』の王屋山貞一司馬先生の條の冒頭に、

後周の瑯琊公司馬の裔の玄孫、名は承禎、字は子微、河内の人なり。少《わか》くして体玄先生（潘師正）に事《つか》え、其の符籙及び辟穀・導引・服餌の術を伝えらる。体玄は特に相賞異して謂いて曰く、我は簡寂（陸修静）より正法を伝授せらる。汝に至りて六葉なり、と。（一四b）

と述べられていて、ここに潘師正は司馬承禎を称えて、司馬承禎が陸修静の正法を伝授された六代目の人物である、と告げたように記している。陸修静の正法とは陸修静が唱えた三洞の経法のことであるから、潘師正の言葉に従えば、司馬承禎は陸修静の三洞の経法を伝授された六代目の道士である。このことは陸修静から司馬承禎に至る上清経籙の伝授を三洞の経法の伝授と見なすことであるから、『真系』では陸修静から伝授された上清経籙を三洞の洞真部の上清経籙と見ているのである。

伝授される上清経籙を三洞の洞真部の上清経籙と見なすことは、何を意味するのであろうか。先に見た顔真卿『茅山玄静先生広陵李君碑銘』の例を参考にすれば、伝授される上清経籙が天師道の道士の受ける三洞の洞真部の上清経籙であることを意味している。天師道の受法のカリキュラム[11]に従えば、天師道に入門した道士は初めに正一部の経籙を受け、その後順次に太玄部、洞神部、昇玄部、洞玄部の経籙を受け、最後に洞真部の上清経籙を受けるのであるから、洞真部の上清経籙を受けた道士は天師道の道士としては最上位の位階に属する道士たちである。劉処静（杜光庭）の系譜に載せる応夷節、憑惟良、田虚応が上清大洞法師、顔真卿の系譜に載せる李含光が三洞法師であることはこのことの証左になろう。恐らく、「天師」の称号をもつ、潘師正[12]も司馬承禎[13]も三洞法師であったと思われる。潘師正の師の王遠知も、『真系』では「秦王は先生を詣でて三洞法を受く。登極に及びて、将に重位を加えんとす。」（一二a）と記して、後の太宗皇帝の秦王が帝位に登る前に王遠知から三洞の経法を授かったと伝えているので、貞観元年（六二七）以前に既に三洞法師であった可能性が高い。

ここで注意すべきことは、上清経籙を伝授された道士たちは専ら上清経籙だけを信奉していたのではない、という点である。彼等は天師道の道士として三十六部尊経すべてを信奉していたのであって、上清経籙はその一部でしかない。ただ、上清経籙は三十六部尊経の中では最高の経籙であるから、それを受けた道士の中には上清経籙を特別に尊重する道士もいる。しかし、彼等も三十六部尊経すべてを信奉する天師道の道士である。したがって、三洞の洞真部の上清経籙の伝授の系譜を上清派（茅山派）の道士の系譜とか、上清派道教の系譜と見なすことはできないのである。

真系では陶弘景を更に遡って孫遊嶽（三九九–四八九）、陸修静、殳季真、許黄民（三六一–四二九）、許翽（三四一–三七〇）、楊羲へと至っているが、楊羲を真系の冒頭に置いたのは、上清経籙が楊羲に始まると考えるからである。しかし、楊羲から陶弘景に至る箇所は、許翽・許黄民の如く父子の間の伝授も含まれており、全体が師から弟子への上清経籙の伝授にはなっていない。これはこの箇所では、楊羲から陶弘景まで連綿と上清経籙が伝授されてきたことを示すことができればよいので、師弟とか、父子とかに関係なく、上清経籙に関わった人物であれば、それらの人々を結び付けて上清経籙の伝授の系譜になるように作られているからである。この中に上清派（茅山派）の人々と天師道の道士とが混在しているのもそのためである。

五　陳子昂の潘師正碑

天師道において上清経籙の伝授の系譜を述べるようになったのはいつ頃からであろうか。またそれは誰が何のために作成したのであろうか。

吉川忠夫「道教の道系と禅の法系」[14]によれば、上清派道教の道系を最初に伝える文は陳子昂（六六一－七〇二）の潘師正碑、すなわち「続唐故中嶽体玄先生潘尊師碑頌」（『陳伯玉文集』巻五）であるという。それには、

尊師には弟子十人有り、並びに仙階の秀なり。然れども鸞姿鳳骨、眇《はる》かに雲松を愛する者は、惟《こ》れ潁川の韓法昭、河内の司馬子微（承禎）。皆な訓を瑤庭に禀け、密かに瓊室に受けて、太清の業を専らにし、下仙の儔を遺《わす》る。谷に汲み芝に耕し、我れに服勤すること蓋し歳紀を歴《へ》たり。始め尊師は籙を茅山の昇玄王君（王遠知）に受け、王君は道を華陽の隠君陶公（陶弘景）に受く。陶公より子微に至るまで二百歳なり。而るに玄標の仙骨は雅《もと》より華陽に似たり。其れ真に階し冥を蹈み、景を練り化に選ぶ者は、其れ必ず類有るか。

とあるという。そして吉川氏は、右の陳子昂の文章は天授二年（六九一）以後、立碑の聖暦二年（六

九九）ないしはそれ以前に書かれたものと推定している。また吉川氏は、この碑文に見られる陶弘景より司馬子微（司馬承禎）に至る経籙の伝授の次第を上清派道教、いわゆる茅山派道教の道系と捉えている。しかしこの系譜は既に見てきた上清経籙の伝授の系譜と同様に、司馬承禎に上清経籙を授けた度師の潘師正、籍師の王遠知、経師の陶弘景を師資の関係で結び付けたものであって、上清派（茅山派）の系譜を述べるものではない。司馬承禎も、その師の潘師正も、またその師の王遠知も、三洞の洞真部の上清経籙を伝授された天師道の最高位の道士たちであり、いわゆる上清派（茅山派）の道士ではない。

この碑文に見られる系譜において注意すべきことは、「陶公より子微に至るまで二百歳なり」という言葉が付されていることである。この碑文は司馬承禎の師の潘師正を称えるために書かれたものであるから、本来ならば、「陶公より尊師に至るまで」と述べるべきところである。それにもかかわらず、わざわざ「陶公より子微に至るまで」と記したのはなぜであろうか。

吉川氏によれば、この碑文は陳子昂が友人司馬承禎の依頼によって書いたものであるという[15]。そういうことであれば、陳子昂がこの句を加えた意味も了解できる。つまり、陳子昂は友人司馬承禎のためにこの句を加えたのである。陶弘景から伝授されてきた上清経籙が司馬承禎にまで及んでいると記されることは、司馬承禎にとっては大変に名誉なことであるからである。司馬承禎は陳子昂の碑文を書き改めているが、そのときこの系譜の部分と司馬承禎の名前の箇所が司馬承禎の手によって削られている。[16]それは碑文の慣例として、己を賛美する文章を自分の書く碑文に載せることはできないからである。司馬承禎は「陶公より子微に至るまで二百歳なり」が己を賛美する意味であることを充分に承知していたので、敢えて自分の書く碑文から系譜の箇所を削ったのである。

さて、陶弘景、王遠知、潘師正、司馬承禎という上清経籙の伝授の系譜は誰が制作したのであろうか。この系譜は陳子昂の潘師正碑に初めて見えるので、陳子昂が友人司馬承禎のためにこの系譜を作成したとも考えられようが、しかしこの系譜は司馬承禎の上清経籙の三師を知らなければ作れないものであるから、陳子昂が潘師正碑でこの系譜を書く以前に、既に司馬承禎がこの系譜を知っていたはずである。そして三師は潘師正が弟子の司馬承禎に上清経籙を授ける際に教示するものであるから、陶弘景を司馬承禎の経師、王遠知を籍師、潘師正を度師とするのは、潘師正が決めたことであろう。司馬承禎は潘師正から三師が誰であるのかを教わって始めて、己の三師を知ったのであるから、三師の系譜を作ったのは司馬承禎ではなく、潘師正である。そうすると、三師と司馬承禎とを結びつける系譜は、厳密に言えば、潘師正が司馬承禎に三師を教示した時点で成立したと言えよう。つまり、陶弘景、王遠知、潘師正の三師と司馬承禎を結びつける系譜そのものは潘師正が作ったものである。『旧唐書』司馬承禎伝では「師正は特に賞めてこれ（司馬承禎）を異とし、謂いて曰く、我は陶弘景より正一の法を伝え、汝に至りて四葉なり。」とあって、潘師正が司馬承禎を賞賛して、陶弘景から司馬承禎に至る系譜を告げたように述べているが、これが恐らく事実であろう。

ところで、潘師正が司馬承禎に教示した三師説によれば、経師の陶弘景と籍師の王遠知は上清経籙の伝授において師弟の関係になければならないが、実は王遠知が陶弘景に師事したという説には疑いがもたれている。(17) その第一の理由は、陶弘景の没年が梁の大同二年（五三六）、王遠知の没年が唐の貞観九年（六三五）であって、両人の没年の隔たりがあまりにも大きいことである。第二の理由は、『茅山志』巻二十二に収める、貞観十六年（六四二）二月二十五日に立碑の希玄観三洞弟子江旻撰『唐国師昇真先生王法主真人立観碑』では王遠知の師は臧衿とあり、陶弘景の名がまったく見えないことである。第三の理由は、梁の普通三年（五二二）に刻まれた「許長史旧館壇碑」（『茅山志』巻二十所収）の碑陰記には陶弘景の弟子の名が見えるが、その中に王遠知の名がないことである。

王遠知の高弟である陳羽と王軌（五八〇－六六七）の発願によって制作された江旻の王遠知碑に陶弘景の名がまったく見えないのは、陳羽と王軌は王遠知が陶弘景に師事したとは考えていないからであろう。そうすると、王遠知が陶弘景に師事したという説は、潘師正に始まるようである。陶弘景は当時の天師道教徒の間でも上清経籙の権威者としてよく知られていたので、潘師正は司馬承禎に上清経籙を授ける際に、経師を臧衿ではなく、陶弘景にしてしまったのであろう。その結果、王遠知が陶弘景に師事したという説が行われるようになったものと推測される。

先に引用した『旧唐書』司馬承禎伝で潘師正が「我は陶弘景より正一の法を伝え、汝に至りて四葉なり」と述べているが、これによると、潘師正は、王遠知から授かった「正一の法（すなわち、三洞の経法)」が陶弘景に由来することに誇りを感じていたようである。潘師正が司馬承禎の上清経籙の経師を陶弘景に決めたのも、司馬承禎の授かる上清経籙に高い価値をもたせることによって、司馬承禎の名誉を高めるためであったが、同時に司馬承禎の経師が陶弘景であれば、それによって度師の潘師正の権威も高まるからであった。

六 むすび

以上見てきて、天師道における上清経籙の伝授の系譜が経籙の伝授儀における度師・籍師・経師の三師説に基づいて構成されていることが明らかとなった。上清経籙の伝授の系譜としてはもっとも古い、陳子昂の潘師正碑に載せる陶弘景、王遠知、潘師正、司馬承禎と次第する系譜は、潘師正が弟子の司馬承禎に上清経籙を伝授する際に三師の経師を陶弘景、籍師を王遠知、度師を潘師正と決め、それを司馬承禎に教示したことに始まる。高名な三師をもつ司馬承禎はそれを非常に名誉に思い、友人の陳子昂に依頼して、系譜として潘師正碑に記載してもらったのである。その後、李白『唐漢東紫陽先生碑銘』や顔真卿『茅山玄静先生広陵李君碑銘』や李渤『真系』や劉処静(杜光庭)『洞玄霊宝三師記』、あるいは元の劉大彬『茅山志』巻十・上清品に載せる上清経籙の伝授の系譜も陳子昂の潘師正碑に載せる系譜を採用しているので、あたかもこの系譜が上清経籙の伝授の唯一の系譜、あるいは正統な系譜のごとく見えるが、しかし実は天師道における上清経籙の伝授の系譜はこの他にも数多く作ることができるのである。その一例を挙げるならば、陸長源撰『華陽三洞景昭大法師碑』（『茅山志』巻二十三所収）に次のような系譜がある。

初め法師（韋景昭）は大法師包士栄に師事し、栄は崇玄観道士包法整に師事し、整は上士の包方広に師事し、広は華陽観道士王軌に師事し、軌は昇玄先生王遠知に師事し、遠知は華陽隠居陶弘景に師事す。

この師資の系譜には上清経籙の伝授の次第とは明示されていないが、しかし韋景昭は天師道の道士では最高位の三洞法師であり、彼の師事した包士栄も三洞法師であるから、基本的には上清経籙の伝授における師弟関係と見てよいであろう。ここで陶弘景、王遠知の後に、潘師正ではなく、王軌であること、そしてその後の系譜も、司馬承禎、李含光ではなく、包方広、包法整、包士栄、韋景昭と続いていることに注意してほしい。この系譜を見ても、上清経籙の伝授において陶弘景、王遠知、潘師正、司馬承禎、李含光と連なる系譜は天師道における上清経籙の伝授の系譜の一つでしかないことが理解されよう。

現在残っている上清経籙の伝授の系譜は、系譜の最後に位置する道士を賛美するために作られたものであり、系譜では、系譜の最後に位置する道士、例えば、司馬承禎や李含光や韋景昭、あるいは劉処静（杜光庭）といった道士と、師弟の関係で繋がる人々だけを選んで載せているのであるから、彼等は唐代の天師道の三洞法師や大洞法師の全員ではなく、その中のごく一部の道士たちである。したがって、その系譜は唐代の天師道における上清経籙の伝授の状況を全体的に公平に描いたものではない。それゆえ、現存の系譜や系譜に載せる道士たちだけを頼りにして、唐代の道教の状況や道士の動向を推察すると、偏った見解を形成しかねないのである。現存の系譜とは異なる、別の上清経籙伝授の系譜も成り立ち得るし、現存の系譜に載せられていない、上清経籙を授かった三洞法師や大洞法師や洞真法師がまだ多数いることを忘れてはならない。これらの系譜や道士たちをも含めて考察しないと、唐代の道教の正確な像を描くことは困難であろう。

これまで世界の道教研究者の多くは、上清経籙伝授の系譜、特に李渤『真系』に見られる系譜を上清派（茅山派）の道系と見て、唐代の道教界では上清派（茅山派）が主流であったと主張してきたが、小稿の考察によって、これが大きな誤りであることが判明したであろう。上清経籙の伝授の系譜にも見られるように、唐代には上清経籙は天師道の道士の間でのみ伝授されていたのであって、上清派（茅山派）の道士は唐代には活動していなかったのである。

（1）拙著『中国の道教』（創文社、中国学芸叢書、一九九八年七月）第三章四、唐の「道教」、参照。
（2）道蔵本『洞玄霊宝三師記』（HY四四四）には「広成先生劉処静撰」とあるが、任継愈主篇『道蔵提要』（中国社会科学出版社、一九九一年七月）の「〇四四三　洞玄霊宝三師記」（三二八―三二九頁）では

「広成先生劉処静」は「広成先生杜光庭」の誤りであるという。なぜならば、劉処静は『仙都山志』によると、応夷節が亡くなる二十一年前の咸通十四年（八七三）に亡くなっているが、『洞玄霊宝三師記』には「劉・葉已でに先に昇化し、先生（応夷節）後に方に登遐す」（八ａ）とあって、劉処静よりも後に亡くなった応夷節の死亡のことが記されているので、著者を劉処静とするのは誤りである。また『洞玄霊宝三師記』には「門人広成先生製」（八ｂ）とあるが、この「門人広成先生」とは杜光庭を指す、というのである。これは傾聴すべき意見である。この指摘は妥当と思われるので、本書では『洞玄霊宝三師記』の著者を劉処静（杜光庭）と表示する。

（３）二孟の《喪礼儀》については、本書第二章二、梁代初期の天師道の道士の受法のカリキュラム、あるいは拙稿「天師道における受法のカリキュラムと道士の位階制度」（『東洋の思想と宗教』第十八号所収、早稲田大学東洋哲学会、二〇〇一年三月）を参照。

（４）本書第二章二、梁代初期の天師道の道士の受法のカリキュラム、あるいは前掲の拙稿（二頁上段—七頁上段）を参照。

（５）敦煌本『三洞奉道科誡儀範』の編纂年代については、拙著『中国の道教』第二章の注(9)、及び本書第二章注(10)を参照。

（６）『伝授経戒儀注訣』の編纂年代については、吉岡義豊「老子河上公本と道教」（酒井忠夫編『道教の総合的研究』所収、一九七七年三月）三、『伝授経戒儀注訣』について、を参照。

（７）三師五保は劉宋の陸修静が編纂した『太上洞玄霊宝授度儀』（ＨＹ五二八）に見えるので、劉宋後半期の天師道では霊宝経の伝授の際に三師五保を立てていたようである。

（８）本書第二章二、梁代初期の天師道の道士の受法のカリキュラム、あるいは前掲の拙稿（二一頁上段・

下段）参照。

（9）第一章二、（2）道士の法位と天師道の位階制度、を参照。

（10）本書第二章二、梁代初期の天師道の道士の受法のカリキュラム、あるいは前掲の拙稿（三頁下段）参照。

（11）本書第二章二、梁代初期の天師道の道士の受法のカリキュラム、あるいは前掲の拙稿を参照。

（12）唐の高宗と潘師正との問答を載せる『道門経法相承次序』（HY一一二〇）では潘師正が「天師」と称されている。

（13）杜光庭『道教霊験記』（HY五九〇）巻十四の「玄宗大宝観投龍験」では、司馬承禎が「司馬天師」と呼ばれており、また玄宗皇帝が司馬天師から三洞宝経を受けたように記している。また睿宗皇帝の勅令に「賜天師司馬承禎三勅」（『全唐文』巻一九、二二三―二四頁）があり、ここでも司馬承禎に「天師」の称号が冠されている。これらのことから、司馬承禎は天師道の最高位の三洞法師であったと推測される。

（14）吉川忠夫「道教の道系と禅の法系」（『東洋学術研究』二十七巻別冊所収。一九八八年一一月）参照。

（15）吉川氏の前掲論文（十三頁下段）参照。

（16）吉川氏の前掲論文（十九頁上段―下段）参照。

（17）吉川忠夫「王遠知伝」（『東方学報（京都）』第六十二冊所収、一九九〇年三月）、前田繁樹「所謂「茅山派道教」に関する諸問題」（『中国――社会と文化』第二号所収、一九八七年六月）等を参照。

第四章　『昇玄経』の編纂と昇玄法師

一　はじめに

『太上霊宝昇玄内教経』（以下、『昇玄経』と略称す）は隋・唐期の道教に大きな影響を与えた道教経典である。『昇玄経』は唐代の天師道の道士の受法のカリキュラムの中にも取り入れられており、唐代の天師道の道士の位階制度には『昇玄経』を授かった昇玄法師という法位も存在している。そこで本章では、初めにこの『昇玄経』がいつ頃[1]、誰の手によって編纂されたのかを考察し、次に『昇玄経』が天師道の道士の受法のカリキュラムに取り入れられた経緯について検討してみたい。

『昇玄経』の完本は現在残されていないが、道蔵に本経の中和品を注釈した『太上霊宝昇玄内教経中和品述議疏』一巻がある。また、敦煌資料ペリオ二三四三・二三五三・二三九〇・二三九一・二四三〇・二四四五・二四五六・二四五九・二四六六・二四七四・二五六〇・二七五〇・二九九〇・三三四一・三六五二、ＤＸ五一七・九〇一、スタイン一〇七・六二四一・六三一〇は『昇玄経』の断簡であり、更に『昇玄経』の一部が『無上秘要』・『道要霊祇神鬼品経』・『三洞珠嚢』・『上清道類事相』・『道門経法相承次序』・『道典論』・『一切道経音義妙門由起』・『道教義枢』・『大道通玄要』・『要修科儀戒律鈔』・『雲笈七籤』・『三論元旨』・『破邪論』・『太平御覧』等にも引用されている[2]。そこで小稿ではこれらの資料に基づいて『昇玄経』の成立年代とその編纂者について考察を試みることにする。

二 『昇玄経』の成立年代

一 『隋書』経籍志によると、

大業中、道士の術を以て進むる者甚だ衆し。其の経を講ずる所以は、老子を以て本と為し、次に荘子及び霊宝、昇玄の属を講ずるに由る。

とあり、隋の大業年間（六〇五―六一七）には『昇玄経』が道士たちによって皇帝に講ぜられているので、隋代には『昇玄経』が存在していたことは明らかである。

隋代に編纂された『太玄真一本際経』[3]（以下、『本際経』と略称す）にも、「昇玄内教」あるいは「霊宝昇玄妙経」の名称で『昇玄経』が引用されているので、隋代には『昇玄経』が流布し、信仰されていたことが知られる。

更に、北周の『無上秘要』にも「昇玄内教経」（巻四六）や「昇玄経」（巻十一）からの経文が載せられているので、北周の武帝（在位五六一―五七八）の頃に『昇玄経』が北朝に存在していたことが確かめられる。南朝では『三洞奉道科誡儀範』[4]（ペリオ二三三七。道蔵本『洞玄霊宝三洞奉道科戒営始』HY一一一七）に、

太上洞玄霊宝昇玄内教経一部十巻

昇玄七十二字大券
右、受けて昇玄法師と称す。
とあって、梁の武帝（在位五〇二―五四九）の頃の天師道の道士の位階制度（正一法位）によれば、『昇玄経』は昇玄法師の法位を得る道士に伝授される経典と見なされている。同じく梁の武帝の頃ではあるが、『三洞奉道科誡儀範』よりも少しく早い時期に編纂された『太上洞玄霊宝業報因縁経』(5)（HY三三六。以下、『業報因縁経』と略す）巻六にも、
吾は九光童子を遣《や》り、度して道士と為し、昇玄妙経を授与す。
と、『昇玄経』の名が見える。
以上の諸例により、南朝では梁の武帝の頃に、北朝では北周の武帝の頃に『昇玄経』が道士の間で伝授されていたことが知られる。この『昇玄経』は『三洞奉道科誡儀範』によれば、十巻本であった。『無上秘要』巻四六に所引の『昇玄経』は「昇玄内教経巻第七」や「昇玄内教経巻第九」とあるので、北周の武帝の頃の『昇玄経』も同じく十巻本であったことが知られる。敦煌資料に残されている『昇玄経』の断簡からも、唐代の『昇玄経』が十巻本であったと推測されるので、梁代以降の『昇玄経』はすべて十巻本であったようである。
『昇玄経』が成立の当初から十巻本であったかどうかは不明である。現在では『昇玄経』の断簡しか残されていないので、これだけでは十巻本の全貌を復元することは到底不可能である。そのために、

残された『昇玄経』の内容から十巻本の編纂過程を推測するのは極めて困難である。また、成立当初の巻数を示唆する資料も残されていない。したがって、『昇玄経』が最初から十巻本として編纂されたのか否かは判然としないが、幸いなことに、『昇玄経』の成立が十巻本『昇玄経』の存在した梁代からさほど隔たぬ時期と推測されるので、小稿では初期の『昇玄経』も十巻本と大きな差異はなかったものと想定して、現在残されている『昇玄経』の断簡はすべて初期の『昇玄経』のものとして扱い、それらの内容から『昇玄経』の成立年代と編纂者を推定してみることにする。

二

「昇玄経」という経名は劉宋の仙公系霊宝経[6]の一つである『上清太極隠注玉経宝訣』（ＨＹ四二五）に次のように見えるのが最も古い用例である。

太上玉経隠注に曰う、……霊宝経、或は洞玄と曰う、或は太上昇玄経と云う、皆な高仙の上品にして、虚無の至真、大道の幽宝なり。（一一ａ）

ここでいう「太上昇玄経」とは、霊宝経の別称のようである。「太上昇玄経」が「洞玄」とともに、霊宝経の別称と解し得るのは、『上清太極隠注玉経宝訣』の同じ條で『三皇天文』について次のように記す例が見られるからである。

三皇天文、或は洞神と云う、或は洞仙と云う、或は太上玉策と云う。此の三洞経は、符道の綱紀、太虚の玄宗、上真の首経なり。（一一ａ）

ここでは明らかに『三皇天文』の別称として「洞神」や「洞仙」や「太上玉策」あるいは「三洞経」という経名を挙げているのであるから、同様な表現方法を用いている先の霊宝経の場合も「太上昇玄経」や「洞玄」は霊宝経の別称として記されているのであろう。

劉宋末・南斉の頃に編纂されたと推定される『太真玉帝四極明科経』[7]（HY一八四）巻一にも、

太玄都四極明科に曰う、凡そ霊宝経、或は洞玄、或は昇玄の経を読むに、皆な東に向かい、叩歯すること十二通、咽液すること十二過して、再拝す。（一七a）

とあって、ここにも「昇玄之経」というのが見えるが、これも「洞玄」と同様に、霊宝経の別称のようである。

これらの例からわかるように、「太上昇玄経」や「昇玄之経」という経名は最初は霊宝経の別称として用いられていたのであって、実際の『昇玄経』を指すものではなかった。ところが後に、この「太上昇玄経」という経名を借りて、所謂『昇玄経』が述作されたのである。

三　『昇玄経』の述作年代はいつ頃であろうか。

『一切道経音義妙門由起』（HY一一一五）に所収の「正一経」[8]では劉宋末・南斉期の天師道の道士の法服について次のように記している。

正一経に云う、太上曰く、道士の法服に七種有り。一は、初めて道門に入る〔者〕の、平冠・黄帔なり。二は、正一〔法師〕の、芙蓉の玄冠、黄裙・絳褐なり。三は、道徳〔法師〕の、黄褐・玄巾なり。四は、洞神〔法師〕の、玄冠・青褐なり。五は、洞玄〔法師〕の、黄褐・玄冠なり。皆な黄の帬襹《くんしょく》をしてこれに対す。冠は蓮花を象《かたど》る。六は、洞真〔法師〕の、褐帔《ひ》なり。紫を用い、青を以て裏と為す。蓮花の宝冠なり。女子の褐は紫紗を用い、飛雲鳳気の冠を載す。七は、三洞講法師なり。上清の衣服の如く、上は九色の雲霞山水の衲《のう》帔、元始の宝冠を加う。皆な環佩して版を執り、師子の文の履《くつ》〔をはく〕。これを法服と謂う。（二〇a―b）

これによると、道士の位階は七段階に分けられている。最下位は、入門したての道士、次は正一法師、次は道徳法師、次は洞神法師、次は洞玄法師、次は洞真法師、最高位は三洞講法師である。ここで注意されることは、この中に昇玄法師が含まれていないことである。これは、恐らく、「正一経」の編纂時には昇玄法師という位階がまだ形成されていなかったからであろう。

梁の武帝の在位期（五〇二―五四九）の前半から中頃にかけての時期に編纂された『正一威儀経』(9)（HY七九〇）の「正一受道威儀」にも道士の位階が記されている。それによると、

俗人は清信弟子と坐を同じうするを得ず。清信弟子は清信道士と坐を同じうするを得ず。清信道士は正一道士と坐を同じうするを得ず。正一道士は高玄法師と坐を同じうするを得ず。高玄法師は洞神法師と坐を同じうするを得ず。洞神法師は洞玄法師と坐を同じうするを得ず。洞玄法師は洞真法師と坐を同じうするを得ず。洞真法師は大洞法師と坐を同じうするを得ず。（五a）

とあり、道士の位階に清信道士・正一道士・高玄法師・洞神法師・洞玄法師・洞真法師・大洞法師の七段階がある。ここにも昇玄法師の法位はない。昇玄法師の法位は先に引用した『三洞奉道科誡儀範』に「右、受けて昇玄法師と称す」とあるのが最初の例である。そうすると、天師道において昇玄法師の位階が設置されるのは、梁の武帝の在位末期のことのようである。『昇玄経』は昇玄法師の位階が形成される前に存在していなければならないから、昇玄法師の法位の設置という観点から『昇玄経』の成立年代を推定してみると、梁の武帝の在位末期には『昇玄経』は編纂されていたことになろう。

先に引用した『業報因縁経』巻六には『昇玄経』を道士に授与する記載が見えるから、梁の武帝の在位期の中頃には『昇玄経』は明らかに存在していた。しかし、道士の位階の中に昇玄法師の法位が設置されるのは、『昇玄経』の経典としての価値が定まってからのことであろうから、『昇玄経』そのものの編纂は昇玄法師の法位の設置よりもだいぶ前ということもあり得よう。そうすると、『正一威儀経』に昇玄法師の法位が見えなくとも、『昇玄経』が梁代の初めに存在していた可能性も否定しきれないであろう。劉宋末・南斉期の「正一経」の道士の位階にも昇玄法師が見えないが、この時期にも『昇玄経』が既に存在していた可能性はある。つまり、『昇玄経』の成立した時期の上限は昇玄法師の法位の有無だけでは決められないのである。

そこで次に『昇玄経』の説く道士の位階から『昇玄経』の成立年代を推定してみたい。唐の朱法満

編『要修科儀戒律要鈔』（HY四六三）巻九・坐起鈔に、

昇玄経に云う、斎会・行道の時、諸の正一道士は上清大洞法師と共に席坐を同じうするを得ず。上清大洞法師は五篇霊宝法師と共に席坐を同じうする、及び服飾・衣物を伝うるを得ず。霊宝五篇法師は復た昇玄内教法師と共に席坐を同じうするを得ず。（巻九・八b－九b）

とある。これによると、『昇玄経』の説く道士の位階には正一道士と上清大洞法師と霊宝五篇法師と昇玄内教法師の四つの法位しかなく、その順位も上清大洞法師が霊宝五篇法師の下位に置かれている。この法師の位階は先の「正一経」や『正一威儀経』で説く道士の位階とはだいぶ異なる。その違いは、第一に「正一経」や『正一威儀経』にある道徳（高玄）法師や洞神法師あるいは三洞講法師の法位が『昇玄経』には見えないことである。第二に「正一経」や『正一威儀経』では法師の順位が下から上へ正一道士・高玄（道徳）法師・洞神法師・洞玄法師・洞真法師・大洞法師あるいは三洞講法師の順であるが、『昇玄経』では洞玄法師に相当する霊宝五篇法師が、洞真法師や大洞法師に相当する上清大洞法師の上位に置かれていることである。

道士の位階におけるこれらの差異は、『昇玄経』の成立年代を決定するうえで極めて重要な意味をもっている。なぜならば、「正一経」や『正一威儀経』の道士の位階は四輔説の成立後に形成された天師道の法位の制度（正一法位）(10)であるが、『昇玄経』で説く道士の法位には四輔説の影響が見られず、四輔説成立以前の天師道で作られた、『昇玄経』独自の架空の法位と推測されるからである。このことは『昇玄経』の成立が四輔説の形成以前であることを示唆している。

また、『道門経法相承次序』（ＨＹ一一二〇）巻中に、

受法の門徒は、各々階級に依り、漸より頓に入り、下より高きに之《ゆ》く。故に三乗の教法は小大等しからず。謹んで太真科を按ずるに曰う、盟威を下科と為し、太清を中科と為し、上清・道徳を上科と為し、三科を三乗と為す。（二三ａ）

とあり、劉宋初期の天師道によって編纂された「太真科」[11]では上清経と道徳経が上科、太清経が中科、盟威（正一盟威の治籙）が下科となっている。『昇玄経』における経籙のレベル分けは、最高位が昇玄内教法師の受ける『昇玄経』、次位が霊宝五篇法師の受ける霊宝経、その下位が上清大洞法師の受ける上清経、最下位が正一道士の受ける正一盟威の治籙であるから、経籙の序列において『昇玄経』は「太真科」とは異なる。特に、上清経の評価に非常な違いがある。このことは『昇玄経』で説く道士の位階が劉宋初期の天師道の経籙のレベル分けに従って作られたものではないことを示していよう。そうすると、『昇玄経』の道士の位階は四輔説成立後の、梁代の天師道の道士の位階制度に基づくものでもなく、また劉宋初期の天師道の受法のカリキュラムとも異なるものであるから、『昇玄経』で説く道士の法位の序列は実際に行われていた道士の位階制度に基づくものではなく、『昇玄経』の作者が独自に案出したもののようである。つまり、『昇玄経』の作者は『昇玄経』の優位を説くために、『昇玄経』とそれを伝授された昇玄内教法師を最上とする、独自の受法のカリキュラムと道士の位階

制度を考え出したのである。しかしそれにしても、『昇玄経』で説くような道士の位階制度が考えられるには、『昇玄経』の編纂時期に四輔説に基づく受法のカリキュラムと道士の位階制度が道士たちの間にまだ充分に定着していないことが必要な条件であろう。もし四輔説に基づく受法のカリキュラムと道士の位階制度が既に整っていたとすれば、それとまったく異なる受法のカリキュラムと道士の位階制度を主張することは、実際にはほとんど実行不可能なカリキュラムと道士の位階制度を説くにすぎないから、『昇玄経』の作者がまともにそのようなカリキュラムと位階制度を主張するとは思われない。そうすると、『昇玄経』の編纂は四輔説に基づく受法のカリキュラムと道士の位階制度が整備される梁初以前ということになろう。恐らく、四輔説の成立する以前の、道士の位階制度がまだ完全には整っていない時期の編纂であろう。四輔説もまだ行われていず、道士の位階制度も充分に備わっていなければ、『昇玄経』の作者が四輔説とまったく異なる受法のカリキュラムや道士の位階制度を構想することは充分に可能であろう。

また、『昇玄経』には五篇霊宝法師の法位名が見えるので、その編纂の時期は経籙のレベル分けの中に霊宝経を含めない「太真科」よりも後であろう。更に『昇玄経』には「上清大洞法師」の法位名が見えるが、上清経を伝授された道士の法位としての「大洞法師」は上清派の経典である『太真玉帝四極明科』（HY一八四）巻五に見える一例が最も古い用例のようであり、[12] もともとは上清派の道士の法位であった。『昇玄経』の「上清大洞法師」も上清経を伝授された道士の法位名であるので、それは上清派の「大洞法師」の法位名の影響を受けて作られたものであろう。そうすると、『昇玄経』の編纂は上清派で「大洞法師」の法位名が使用されるようになってから後のことと推測される。上清派における「大洞法師」の法位名の使用がいつ頃に始まるのかは明らかでないが、上清派の「大洞法師」の法位名が『太真玉帝四極明科』巻五に始めて見えるということ、それもわずかに一例だけであるということは、『太真玉帝四極明科』の編纂が「大洞法師」の法位名が成立してから間もない時期に行われていることを示唆していよう。『太真玉帝四極明科』の編纂が劉宋末・南斉の頃ということからすれば、「大洞法師」の成立は劉宋末期と推測される。そして先に述べたように、『昇玄経』に見える道士の位階制度が四輔説成立以前のものであるということであれば、『昇玄経』の編纂時期は上清派における「大洞法師」の法位名成立後の、劉宋の末頃と見れば大過ないであろう。

四　次に、『昇玄経』の経名からその述作年代を推定してみたい。

道蔵には『太上霊宝昇玄内教経中和品述議疏』（HY一一一四）が収められているが、これによれば、『昇玄経』の正式名は「太上霊宝昇玄内教経」である。敦煌資料の『昇玄経』の中での『昇玄経』の名称は「霊宝洞玄无等等昇玄内教」（ペリオ二四四五）、「无上真一霊宝昇玄妙経」（ペリオ二五六〇）、「无上霊宝昇玄内教」（ペリオ二四七四）、「霊宝昇玄内教」（ペリオ二三九一。スタイン一〇七）、「霊宝内教无上経」（ペリオ二四七四）、「霊宝昇玄洞経」（ペリオ二九九〇）、「昇玄内教无上経」（ペリオ二五六〇）、「昇玄真経」（ペリオ二四七四）、「昇玄経」（ペリオ二五六〇）等とある。これらの『昇玄経』の経名から推察すると、『昇玄経』にとって「霊宝」と「内教」と「真一」が経典の内容を表示する重要な用語のようである。

そこで先ず、『昇玄経』の経名になぜ「霊宝」の語が冠せられているのか。また、なぜ「内教」と呼ばれているのか。あるいは「真一」とは何を表しているのか、という問題について考えてみたい。

先ほど、『昇玄経』の経名は霊宝経の別称である「太上昇玄経」に由来すると述べたが、『昇玄経』が霊宝経の経名を借りて作成されたということは、『昇玄経』が霊宝経の一種として作成されたことを示唆するものであろう。『昇玄経』の経名に「霊宝」の語が冠せられているのも、『昇玄経』が霊宝経の一種であることを表明しているようである。

しかし、『昇玄経』が霊宝経の一種である、とはどういう意味においてであろうか。この点を『昇玄経』の経名から考えてみると、『昇玄経』に「内教」の語が付されていることが注意される。つまり、『昇玄経』は「内教」の霊宝経であると考えられているために、経名に「霊宝」と「内教」が冠されているのである。

『昇玄経』を見てみると、道蔵本『太上霊宝昇玄内教経中和品述議疏』の本文に「外教五篇経」（一a）という語句が見える。また敦煌資料『昇玄経』にも「外教五篇」（ペリオ二四七四）や「霊宝外教」（ペリオ二四四五）という表現が見出せる。これらの語句の「外教」の用法によると、「外教」とは霊宝五篇真文や霊宝五篇真文に基づく元始系霊宝経を指すようである。そうすると、『昇玄経』で自らを「内教」の霊宝経であると主張するときには、この「外教」の霊宝経に対抗して言っているのである。

それでは、『昇玄経』が「内教」の霊宝経であるという場合の「内教」とは、どういう意味であろうか。敦煌資料『昇玄経』（ペリオ二四四五）に「内教」を定義して次のようにいう。

所謂内教とは、真一の妙術は、内心より発し、善を行い道を得るは、外より來たるに非ず、ということなり。

この説明によると、『昇玄経』が「内教」であるのは、その教えが人の内面の心情に深く関わるからである。『太上霊宝昇玄内教経中和品述議疏』の本文に、

真を成す者は、无上霊宝昇玄内教真一真経を宗《たっと》び受くるに当り、皆な当《まさ》に洗心し、先日の犯す所の罪過を除去し、後善を革め修め、以て経法に順うべし。能く是の如き者は、即ち无上正真道意に合す。（二一三a）

とあるのによると、清らかな心とそれに基づく道徳的な行為を重視するところに『昇玄経』の特色があるようである。『昇玄経』の経名に「真一」の語が冠されている場合があるのも、人の内面の純粋な心情を重視する『昇玄経』の思想と深く関わるようである。つまり、「真一」とは、人の内面の心情が純一無雑であることをいうようであるから、「内教」の『昇玄経』で「真一」が重視されるので

ある。

純一無雑の心情である「真一」は作為のない心情であるから、それは「自然」という観念とも結びつく。ペリオ二四四五の『昇玄経』に、

真一自然の道を得るに至る者は、千億万中時に一有るのみ。道を得るに至る者は、皆な是れ内行具足す、薬の為に非ざるなり。

とあり、真一自然の道を会得できた者は皆、内行（内面的な実践）を具足したからであるという。

このように、『昇玄経』では人の内面を真一無雑な自然の状態に保つ内面的修行を重視するが故に、『昇玄経』の教えは「内教」であり、「真一」であると言われるのである。

そうすると、霊宝五篇真文や元始系霊宝経が「外教」と呼ばれるのは、なぜであろうか。それは、霊宝五篇真文や元始系霊宝経が外界に存在している霊宝五篇真文という呪符に依存する教えであるからである。

そして、『昇玄経』の作者が『昇玄経』は「内教」の霊宝経であり、霊宝五篇真文やそれに基づく元始系霊宝経は「外教」の霊宝経であるというときには、当然「内教」の霊宝経である『昇玄経』の方が「外教」の霊宝経である霊宝五篇真文や元始系霊宝経よりも一段と優れた霊宝経であると主張しているのである。

このように見てきて、『昇玄経』の作成意図を推察すると、『昇玄経』の編纂者は、それまでに存在

していた「外教」の霊宝五篇真文や元始系霊宝経をも凌ぐ、より優れた「内教」の霊宝経として『昇玄経』を作成したことが知られる。『昇玄経』の方が霊宝五篇真文や元始系霊宝経よりも経典として優れている、と説く『昇玄経』の思想は、先に見た『要修科儀戒律鈔』巻九に所引の「昇玄経」で「霊宝五篇法師は復た昇玄内教法師と共に席坐を同じうするを得ず」と述べて、『昇玄経』を授かった昇玄内教法師の方を、霊宝五篇真文を授かった霊宝五篇法師よりも一段高い地位に置いているのを見ても確かめられよう。

自らを霊宝五篇真文や元始系霊宝経よりも優れた霊宝経として位置づける『昇玄経』の思想は、『昇玄経』の成立年代を推定するうえで貴重な示唆を与えてくれる。即ち、『昇玄経』が成立するには、それ以前に既に霊宝五篇真文や元始系霊宝経が存在していて、更にそれらが道教界でかなり流行しているという状況が必要な要件である。そうすると、霊宝五篇真文が作成されるのが東晋の隆安末頃、元始系霊宝経が作成され始めるのは東晋末・劉宋初であるから、『昇玄経』が作成されるのは、いかに早くとも劉宋の初め以降である。そして陸修静(四〇六―四七七)が「霊宝経目序」を書いた劉宋の元嘉十四年(四三七)には元始系霊宝経はまだ十一巻しかなく、元始系霊宝経はその後漸次に増加して、陸修静が劉宋・泰始七年(四七一)に明帝へ献上した『三洞経書目録』では二十一巻(あるいは二十三巻)と記載されている。[13] そして『三洞経書目録』に載せられている霊宝経[14]には『昇玄経』に言及するものがなく、仙公系霊宝経の一つである『上清太極隠注玉経宝訣』の中に霊宝経の別称として「太上昇玄経」という経名が一例見えるだけである。この事実から『昇玄経』の成立年代を推察するならば、『昇玄経』の編纂は『三洞経書目録』以後と見て大過なかろう。

先に、道士の位階制度から見て、『昇玄経』は劉宋末頃に編纂されたと推察したが、これは今、『昇玄経』の経名とその思想から推測した年代とも符合する。即ち、『昇玄経』は劉宋の末頃、おおよそ四七〇年代に述作されたようである。

三　『昇玄経』の編纂者と天師道

『昇玄経』の編纂者は劉宋末頃の天師道の道士であると推測される。その論拠を次に述べてみたい。

第一に、天師道で流派の祖師と崇めている後漢の張陵を、『昇玄経』でも同じく尊崇していることである。

『昇玄経』では太上道君が張道陵に道を説くという構図になっている。そしてペリオ二三四三の『昇玄経』によると、「昇玄経」は天上界の元始天尊が秘蔵していて、一億一千万劫に一回だけ地上の世界に出現するが、最初に「昇玄経」を授かった者が張道陵であるという。このことから、『昇玄経』では張陵が非常に尊重されていることがわかる。

また、『昇玄経』では張陵を「張道陵」と呼んで尊尚し、更に「无上洞玄真一法師張道陵」（ペリオ二四四五）や「太上霊宝洞玄真一三天法師張道陵」（ペリオ二四四五）や「正一真人張道陵」（ペリオ二四七四）というように、張道陵に特別の称号を付して呼んでいる。特に「三天法師」という称号は劉宋の天師道の「三天」の思想に基づく張道陵の称号である。(15)

第二に、『昇玄経』には天師道の三洞説の思想があることである。『昇玄経』には、「外教」である霊宝五篇真文や元始系霊宝経よりも、「内教」である『昇玄経』の方が経典として優れている、という考えが見られる。しかし「外教」の元始系霊宝経を決して斥けているわけではない。ペリオ二四七四の『昇玄経』には、

人は能く善を積み功を行い徳を立てて、帝王国主・天下民人を救度し、无上霊宝昇玄内教・外教五篇・上清・洞神の三宝の妙経を供養す。

とあり、「外教」の霊宝五篇真文と元始系霊宝経が「内教」の『昇玄経』とともに供養すべき経典に挙げられている。更にここで注意すべきことは、「内教」・「外教」の霊宝経以外に、上清経と洞神経を供養すべき経典としていることである。つまり、『昇玄経』には洞真部の上清経、洞玄部の霊宝経、洞神部の洞神経を併せて信奉する三洞説の思想がある。そのことは「三宝の妙経」という表現からも確かめられる。「三宝」とは道宝の無極大道、経宝の三十六部尊経、師宝の玄中大法師を指している。したがって「三宝の妙経」を供養するとは、経宝の三十六部尊経、即ち三洞十二部の道書すべてを供養することを意味するのであるから、この三宝説の思想も三洞説に基づいているのである。

『昇玄経』に三洞説の思想のあることは、ペリオ二五六〇の『昇玄経』に、

是の時、一真人有り、号して帰大慧志と曰う。……洞玄・洞真・洞神を宗《とうと》び受く。

あるいは、

十方の成真人は、皆な三洞の書を受く。

とあり、更に『太上霊宝昇玄内教経中和品述議疏』の本文に、

此の経は高妙にして、三洞を綜統し、无上至真にして、第一の玄章なり。（四一ａ）

とあるのを見ても、明らかに知られよう。劉宋・南斉期に三洞説を積極的に唱えていた道流は天師道である。[16]

第三に、『昇玄経』の思想は劉宋の天師道が作成した仙公系霊宝経の思想と一致する部分が多いことである。

先ず、「真一」の尊重である。『昇玄経』では「真一」の観念が経名の中に用いられることがある。ペリオ二五六〇の『昇玄経』には「无上真一霊宝昇玄妙経」という経名が見える。また『太上霊宝昇玄内教経中和品述議疏』の本文には「无上霊宝昇玄内教真一真経」（二三ａ）とある。『昇玄経』の経名の中に「真一」の観念が用いられていることは、『昇玄経』において「真一」が思想的に重要な意義をもっているからである。先に引用したペリオ二四四五の『昇玄経』では理想の最高の道を「真一自然之道」と呼び、更に張道陵の称号である「无上洞玄真一法師」や「太上霊宝洞玄真一三天法師」

においても「真一」の観念を付している。

この「真一」の観念は仙公系霊宝経でも尊重されている。例えば、仙公系霊宝経の「太上太極太虚上真人演太上霊宝威儀洞玄真一自然経訣上巻」や「太上洞玄霊宝大道无極自然真一五称符上経」や「太上洞玄霊宝真一勧誡法輪妙経」や「太上洞玄霊宝金籙簡文三元威儀自然真一経」[17]では経名の中で「真一」の観念が用いられている。そしてその「真一」は「自然」という観念と結びつくものであり、その点で『昇玄経』の「真一」と同様である。

『昇玄経』では、先に触れた如く、洞真・洞玄・洞神の三洞部の道書全体を信奉することを述べている。三洞部全体の道書を尊尚し信奉するという考えは仙公系霊宝経にも見える。『太上洞玄霊宝本行宿縁経』(HY一一〇六)に、

三洞の玄経を宗《とうと》ぶ、これを大乗の士と謂う。先に人を度し、後に身を度す。坐起臥息に、常に一切を慈心す。(六a)

とあり、あるいは『太上洞玄霊宝本行因縁経』(HY一一〇七)にも、

吾れ後に諸人の為に師と作《な》り、大乗の行を志し、常に斎誡し読経す。並に珍宝を齎《もたら》し、大法師を詣でて、三洞の大経を受け、供養し礼願し、斎誡し行道す。(五b)

とある。三洞部全体の経典の尊尚という点でも、『昇玄経』は仙公系霊宝経と共通している。

またスタイン六三一〇の『昇玄経』に「无上三天法師太極真人徐來勒」という真人の名が見えるが、

仙公系霊宝経によれば、太極真人徐來勒は天台山で三国呉の葛玄（葛仙公）に霊宝経を授けた真人である。この真人の名が『昇玄経』に見えることは、『昇玄経』が仙公系霊宝経の思想を継承していることを窺わさせるものである。

ペリオ二四四五の『昇玄経』では次のように、「五千文」（『老子道徳経』）を講説するときは霊宝経の儀礼に依ると述べている。

若し五千文を説かんとすれば、亦た霊宝儀に依れ。然る所以は、霊宝の官属は諸の吏兵を摂すればなり。

この儀礼の方法は、仙公系霊宝経の『太極真人敷霊宝斎戒威儀諸経要訣』（HY五三二）に、

太極真人曰く、五千文仙人伝授の科は、素より霊宝と限《かぎり》を同じうす。（一三a）

とあって、「五千文」を伝授するときは霊宝経の儀礼に依る、と説くのと同様である。

第四に、『昇玄経』には四輔説の正一部の一乗思想に通じる考えが見られることである。

『昇玄経』には、三洞部全体の道書を信奉するという考えだけでなく、『昇玄経』そのものが三洞部全体を統合する内容の経典であるという考えも見える。先に引用した『太上霊宝昇玄内教経中和品述議疏』の本文で「此の経は高妙にして三洞を綜統す」と述べている。同様の趣旨がペリオ二四四五の『昇玄経』でも次のように述べられている。

此の経は大乗の至法と名づく。兼ねて衆経を苞《つつ》み、善く至真を解し、細行を顧みず。大にしてこ

れを言えば、行いに常准無く、法に定條無し。唯だ善とのみ是れ与《くみ》す。

ペリオ二三四三の『昇玄経』でも、

此の経は大業（乗の誤り）にして、兼ねて衆経を摂す。

と記している。

このように『昇玄経』そのものが三洞全体を包摂する内容をもち、その意味で『昇玄経』は「大乗」の経典であるという考えは、四輔説の正一部の一乗思想と通じるものである。『道教義枢』（HY一一二二）巻二・七部義に所引の「正一経」で、

正一に云う、三洞は三と雖も、兼ねてこれを該《つつ》まば、一乗道なり。太玄を大乗と為し、太平を中乗と為し、太清を小乗と為す、正一は三乗に通ずるなり。（二一b）

と述べるように、四輔のなかの正一部は三洞（三乗）全体を兼ねる役割をもっていて、「一乗道」であるという。この場合に当然、正一部に収められている正一経も三洞（三乗）全体を統合する「一乗道」の経典であると見なされている。「大乗」と「一乗」という称呼の違いはあるが、『昇玄経』でも、正一部の正一経でも、自らが三洞全体を包摂する内容の経典であると考えている点では共通している。そして四輔説や正一経を形成した人々は劉宋末・南斉期の天師道の道士たちである。[18] そうすると、『昇玄経』に四輔説や正一経の一乗思想に通ずる思想が見られるのは、『昇玄経』が劉宋末頃の天師道の道士によって編纂されたからであろう。

第五に、『昇玄経』に豆（＝竇《とう》）子明という仙人が登場することである。

ペリオ二四四五の『昇玄経』では「子明」という人物が「太上」と問答する場面があるが、この「子明」は仙人豆（＝竇）子明を指すようである。南斉期の正一経の一つである『正一法文経護国醮海品』（ＨＹ一二七七）では「太上は仙人豆子明に告げて曰く、」で始まっている。『本際経』巻四（ペリオ二八〇六）にも「豆子明」の名が見えるが、そこでは張道陵が豆子明の師とされている。『本際経』巻十（スタイン二九九九）には「竇子明」とある。そこでは竇子明は太極真人徐來勒の侍座第一の弟子と見なされている。『昇玄経』（ペリオ二三四三）では豆子明は葛洪の師である鄭思遠の師とされている。『雲笈七籤』（ＨＹ一〇二六）巻九五仙籍語論要記の「真仮」に所引の『昇玄経』では豆子明と張陵が問答しており、豆子明は張陵の弟子である。すなわち、豆（＝竇）子明という仙人は張陵と太極真人徐來勒の弟子であり、また鄭思遠の師であると考えられている。この豆（＝竇）子明の立場を道流の観点から見れば、天師道の張陵の弟子であり葛氏道の鄭思遠の師である豆（＝竇）子明という仙人は、まさに天師道と葛氏道の二つの道流を連結する立場に位置している。

豆（＝竇）子明という仙人の名は『昇玄経』や正一経に初めて現れていて、管見の及ぶ限りでは劉宋末以前の経典にはその名を見出せない。豆（＝竇）子明という仙人の名が劉宋末・南斉期の天師道によって編纂された『昇玄経』や正一経に初めて現れるのは、恐らく、豆（＝竇）子明という仙人が劉宋末・南斉期の天師道によって思想上の必要から案出された架空の仙人であるからであろう。劉宋末・南斉期の天師道では、既に三洞説によって葛氏道の経典と思想を全面的に摂取していて、葛氏道を天師道に連結させて考えていたから、葛氏道と天師道との紐帯役を果たす豆（＝竇）子明という仙人は、まさに劉宋末の天師道が思想上要請した架空の仙人であろう。このような仙人の名が『昇玄経』に現れるのは、『昇玄経』が劉宋末の天師道の手によって編纂されたことを示す恰好の証しである。

四　『昇玄経』に見える道仏二教の調和論

『昇玄経』には道教と仏教の調和論が見える。ペリオ三三四一の『昇玄経』巻第七に、

功の上は神仙、功の中は天仙、功の下は寿延なり。

とあるが、『太上霊宝昇玄内教経中和品述議疏』では同じ箇所が、

上は神仙を得、中は泥丸を得、下は延年を得。（三b）

とある。この二つの資料では、功績の中等な者の得るものが一方では天仙、他方では「泥丸」となっていて、両者の間に違いがあるが、敦煌資料の『大道通玄要』に所収の「昇玄経第七巻」に、

上は神仙を得、中は泥丸を得、下は延年を得。

とあるのを参照すると、功績の中等な者は「泥丸」を得るようである。そしてこの「泥丸」とは、

『太上霊宝昇玄内教経中和品述議疏』の本文に、

泥丸滅度すれば、地官を免るるを得、魂神澄正なれば、天堂に昇るを得、或は仙品に補せらる、或は聖王に生まる。（三ｂ―四ａ）

とあるのによれば、仏教の滅度、即ち涅槃の意味のようである。「泥丸」という観念は既に葛洪『抱朴子』巻十五雑応篇や巻十六黄白篇に見えるが、その意味は不詳であり、東晋中頃の上清派の『黄庭内景経』や『大洞真経』では人間の頭部を指す。「泥丸」を涅槃（ニルヴァーナ）の意味で用いるのは、恐らく『昇玄経』が最初であろう。(19)

『昇玄経』によれば、最上の功績のある者は神仙となり、中等の功績のある者は仏教の涅槃を得、功績の低い者は長寿が得られるという。仏教の涅槃を得た者は道教の神仙よりも地位は低いが、不老長寿者よりも高く、この点で道教と仏教との間に優劣を付けながら、両者の調和がはかられている。

ペリオ二四七四の『昇玄経』で、

太上大道君は仍ち偈誦して曰く、吾我は自然の気にして、布満して西胡に周《あま》ねし、これが為《ため》に仏法を立つ。

とあって、自然の気である太上大道君が西の胡《えびす》のために仏教を起こしたと述べている。また同書では、

道は言う、吾は五気を以て八極に周流し、或は元始と号し、或は老君と号し、或は太上と号し、或は如来と号し、或は世師と為り、或は玄宗となり、幽を出て冥に入り、待応無方にして、連ね

て天地を造《つく》り、諸神を成生す。

とも述べていて、太上大道君の別号の一つが仏教の「如来」であるという。

このように『昇玄経』には、道教を優位に立てながら仏教と調和させるという考えが見られる。『昇玄経』には道教の道士と仏教の沙門を「道士・沙門」という順位で表記しつつ、両者の存在を肯定する例が幾つかあり、これも道教の価値を仏教の上に置きながら、道教と仏教を調和共存させる考えの表れである。このような考え方が道教側から仏教側にはっきりと提示されたのは、劉宋の泰始三年(四六七)頃に天師道の道士顧歓が著した『夷夏論』(20)が最初である。劉宋初の天師道の述作した『三天内解経』にも道士の修行法を「大乗」と呼び、沙門の修行法を「小乗」と名づけて、両者を比較しその優劣を論じているが、「大乗と小乗は、其の路同じからず。了《まった》く相似ず。」(巻下)とあって、『三天内解経』では道士と沙門を調和共存させようとする考えが希薄である。ところが『夷夏論』では、道教を仏教よりも優れた教えと価値付けながらも、二教を調和させようとする意図が色濃く表れており、この点で『三天内解経』とは少しく立場を異にする。『昇玄経』の立場は『夷夏論』に近いと言える。

道教の教えを仏教の教えよりも優れていると評価しながらも、二教を調和共存させようとする『昇玄経』は、決して仏教を斥けてはいない。むしろ仏教の大乗経典の思想や用語を積極的に摂取して、それに道教の思想を結び付けて説く場合が多い。この表現方法は早くは霊宝経において取られた方法であるが、『昇玄経』ではそれが一段と積極的に進められている。『昇玄経』には大乗仏教の、「大乗」と「小乗」、「一乗」と「二乗」と「三乗」の観念、五戒十善の観念、輪廻報応や仏国土の思想、あるいは空の思想が道教思想と融合して現れている。

五　『昇玄経』の伝授と昇玄法師

劉宋末頃に編纂されたと推定される『玄都律文』[21]（ＨＹ一八八）には、「自然昇玄真文」という経典の名が次のように見える。

> 律に曰く、道士・女官・籙生の身は、年十八已上なれば、大法を受くるを得。若し外法の、百五十将軍籙を受くるより已上は、黄色の法服衣冠を著るに堪う。内法の、自然昇玄真文已上、上清大洞已下は、須らく紫色の法服を用うべし。（一七ａ）

ここに見える「自然昇玄真文」は『昇玄経』を指すのではあるまいか。『昇玄経』の経名と推測される「自然昇玄真文」には、経名に「自然」の観念が冠されているが、これはこれまで見てきた『昇玄経』の思想と合致するものであろう。また『無上秘要』巻四十六昇玄戒品に所引の『昇玄内教経』に「道陵に言う、子《し》は当に人を択んで授くべし。真文を泄す勿かれ」（一ｂ）とあって、『昇玄経』が「真文」と表記されている。そして更に、『玄都律文』に「自然昇玄真文」が内法を説く経典とされている点も、『昇玄経』の内教の思想と一致する。これらの点から見て、「自然昇玄真文」が『昇玄経』を指す可能性は充分にあろう。「自然昇玄真文」が『昇玄経』であれば、『玄都律文』の編纂された劉宋末頃には『昇玄経』は天師道の道士の受持経典の一つに挙げられていたことになる。

しかし、「正一経」や『正一威儀経』には昇玄法師の法位は見られないので、四輔説成立後の天師道では、四輔説と合わない位階制度を説く『昇玄経』を、受法のカリキュラムから除外してしまったようである。梁の孟景翼と孟智周の《喪礼儀》[22]の中に『昇玄経』の名が見えないことも、梁初の頃の天師道教団では『昇玄経』を正規の受法のカリキュラムの中に取り入れていなかったことを示していよう。『昇玄経』の名が天師道の正規の受法のカリキュラムの中に見出せるようになるのは、『科誡儀範』の「正一法位」が最初のようである。梁代末期に『昇玄経』が天師道の正規の受法のカリキュラムの中に採用されるようになると、『昇玄経』は天師道において非常に重視されるようになった。先に引用した『隋書』経籍志には、

大業中、道士の術を以て進むる者甚だ衆し。其の経を講ずる所以は、老子を以て本と為し、次に荘子及び霊宝・昇玄の属を講ずるに由る。

とあって、隋の大業年間（六〇五―六一七）には『昇玄経』が道士たちによって皇帝に講ぜられている。また、隋代に編纂された『太玄真一本際経』（以下、『本際経』と略称する）にも、「昇玄内教」あるいは「霊宝昇玄妙経」の名称で『昇玄経』が引用されている。これらの事実から見て、隋代には

『昇玄経』が流布し、信仰されていたことが知られる。

朱法満『要修科儀戒律鈔』巻九には「昇玄経」とは別に、「昇玄威儀経」あるいは「昇玄威儀」という経典が引用されている。礼拝鈔に、

昇玄威儀経に云う、昇玄法師は朝に〔五方の各〕方に一礼するに、五篇威儀を用う。官を引きて常に悔過を行うに、東方を始めと為す。（巻九・五a）

とあり、あるいは坐起鈔に、

昇玄威儀に云う、法師は人の下坐に坐するを得ず。勢力の加わる所を除く。（巻九・八b）

とあるので、唐初には昇玄法師は実在していたようである。張万福の『洞玄霊宝三師名諱形状居観方所文』（HY四四五）の昇玄師諱の項に「昇玄弟子」の法位が見えるので、唐代には昇玄法師、昇玄弟子が存在していたことが確かめられる。

ここで注意しておきたいことは、昇玄法師の地位が『三洞奉道科誡儀範』の「正一法位」でも、また張万福の『洞玄霊宝三師名諱形状居観方所文』でも洞玄法師の下位、洞神法師の上位に置かれていることである。この昇玄法師の地位は『昇玄経』に見える位階とは異なるので、『昇玄経』自身の主張に基づくものではなく、むしろ『昇玄経』自体の主張は無視されたかたちで、『昇玄経』は天師道の正規の受法のカリキュラムに取り入れたのである。

天師道の正規の受法のカリキュラムで『昇玄経』が洞玄部の霊宝経の下位に、そして洞神部の洞神

経の上位に置かれたのは、『昇玄経』が新出の霊宝経と見なされたからであろう。『昇玄経』は霊宝経の一種と見られたが、元始系や仙公系の霊宝経よりも後に編纂されたので、それらの霊宝経とは区別されて、その地位は霊宝経のすぐ下に置かれたのである。

因みに、天師道の受法のカリキュラムで『洞淵神呪経』が洞神部の下、太玄部の上に置かれたのも、同様の考えのようである。『洞淵神呪経』は『三皇経』の信奉者が『三皇経』の一種として作成したものであるから、(23)『洞淵神呪経』は新出の『三皇経』と見なされて、天師道の受法のカリキュラムでは『三皇経』を収める洞神部の下位に置かれたのである。

六　むすび

以上の考察により、『昇玄経』が劉宋末頃の天師道によって編纂された、ということが解明されたが、このことは南北朝・隋・唐の時期の天師道の思想の展開を知るうえで極めて重要である。従来の道教研究では、『昇玄経』が北朝側で作成されたという見解が多く、そのために『昇玄経』の影響を強く受けた『本際経』が北朝の道教の影響のもとで形成されたと考えられてきた。しかし、『昇玄経』が南朝の劉宋末頃の天師道によって編纂されたとなれば、『本際経』も南朝の道教の発展のなかで形成されたと見ることができる。劉宋期の仙公系霊宝経の編纂、劉宋末頃の『昇玄経』の編纂、劉宋末・南斉期の正一経の編纂、梁の武帝の後半期の『業報因縁経』と『三洞奉道科誡儀範』の編纂、更に隋の『玄門大義』と『本際経』の編纂へと続く天師道の経典編纂の流れはまさに南朝天師道の思想の変遷の歴史である。その経典編纂の歴史に見られる顕著な傾向は大乗仏教の思想や観念を積極的に摂取しながら、道教の教理を構築していく方法である。この方法は、唐初の成玄英の『老子道徳経義疏』や孟安排の『道教義枢』において完成の域に達するが、道教が教理的にも仏教に比肩し得たのは、この方法を早くに取り入れたからである。

唐代の初めには天師道教団の中に『昇玄経』を伝授された昇玄法師や昇玄弟子が実在しており、唐初に編纂された王懸河『三洞珠嚢』や『千真科』や朱法満『要修科儀戒律鈔』等に『昇玄経』が多数引用されていることからも、隋唐期の天師道教団で『昇玄経』が重視されていたことがわかる。隋唐期に『昇玄経』が流行したのも、仏教の教理を用いて道教を解釈する風潮が当時の道教界を覆っていたからであろう。

(1)『昇玄経』の成立年代については、近年、中国の萬毅氏が「『昇玄内教経』は約六世紀七十年代中期の成書」(「敦煌本『昇玄内教経』解説」二六七頁、『道家文化研究』第十三輯所収、一九九八年四月)と述べ、更に「『昇玄内教経』の成書は北周武帝の天和四年(五六九)以後のおおよそ四、五年の間であろう」(「敦煌本『昇玄内教経』補考」二八六頁、『道家文化研究』第十三輯所収、一九九八年四月)と推定している。また中国の盧国龍氏は『昇玄経』十巻は一人一時の作ではなく、改編・合篇してできたものであるが、『昇玄経』がいつ頃誰によって編纂されたのかを確定するのは困難であるとしつつ、「北周の前には出現しており、南北朝後期の北伝道経の一種であり、梁陳の間に新たに出現した霊宝経の類であろう」（同著『中国重玄学』八四頁、人民中国出版社、一九九三年八月）と推定している。また、砂山稔氏は「その成立の下限は、六世紀前半として大過ないと推定される。」（「宇文邕の『道教実花序』について——北周武帝の無上秘要との関連を通じて」『仏教史学研究』第二十一巻第一号所収、一九七八年。砂山稔『隋唐道教史研究』第一部第三章所収、平河出版社、一九九〇年二月）と述べている。

（2）『昇玄経』の敦煌資料は大淵忍爾著『敦煌道経 図録編』（福武書店、一九七九年二月）に収められている。また、山田俊氏は『昇玄経』の断片を収集して「稿本『昇玄経』」（東北大学文学部中国中世思想研究会、一九九二年七月）を作成している。その後、稿本『昇玄経』は山田俊『唐初道教思想史研究——『太玄真一本際経』の成立と思想』（平楽寺書店、一九九九年七月）の資料篇に「校本『昇玄経』」として収められている。

（3）『本際経』の成立については、唐の玄嶷『甄正論』巻下に「本際五巻の如きに至っては、乃ち是れ隋の道士劉進喜の造。道士李仲卿十巻に続成す」（大正五二・五六九c）とある。WU CHI-YU "*PEN-TSI KING (Livre du terme originel)*" (Cenntre National de la Recherche Scientifique, PARIS, 1960)、砂山稔『隋唐道教思想史研究』第二章『太玄真一本際経』の思想について——身相・方便・重玄を中心に、あるいは山田俊『唐初道教思想史研究——『太玄真一本際経』の成立と思想』を参照。

（4）『三洞奉道科誡儀範』の成立年代については、吉岡義豊「三洞奉道科誡儀範の成立について」（『道教研究』第一冊、一九六五年十二月。『道教と仏教 第三』所収、国書刊行会、一九七六年四月）と拙著『六

朝道教史研究』（創文社、一九九〇年十一月）第一篇第一章の注(8)及び拙著『中国の道教』（創文社、一九九八年七月）第二章第一節の注(9)、更に本書第二章注(10)、を参照。

(5)『業報因縁経』の成立については、前掲の吉岡義豊博士の論文「三洞奉道科誡儀範の成立について」の「六、太上業報因縁経との関係」の項と拙著『中国の道教』第二章第二節の注(4)を参照。

(6) 仙公系霊宝経については、拙著『六朝道教史研究』第一篇第三章四、元始系と仙公系の相違、五、霊宝経の作者――葛氏道と天師道、を参照。

(7) 道蔵本『太真玉帝四極明科経』の成立について、大淵忍爾博士は「大約五〇〇年代の前半位、斉末から梁の頃」（『初期の道教』二八六頁、創文社、一九九一年十一月）と見ているが、吉岡義豊博士は「四五〇年から五〇〇年の間」（吉岡義豊「老子河上公本と道教」三一九頁、酒井忠夫編『道教の総合的研究』所収、国書刊行会、一九七七年三月）という。尾崎正治氏は「巻一が最初になり巻三はそれより後出と考えられるが、各巻の成立順序はここではさしひかえたい。今は全巻、ほぼ西暦六世紀前半には江南で成立したと考えておく」（尾崎正治「四極明科の諸問題」三六〇頁、吉岡博士還暦記念『道教研究論集』所収、国書刊行会、一九七七年六月）と述べている。筆者は道藏本『太真玉帝四極明科経』の編纂は劉宋末・南斉期と考えているが、陸修静『太上洞玄霊宝授度儀』（HY五二八）に「善く自ら粛励すること四極明科律文の如し」（三七a）とあるので、祖本「四極明科」の成立は劉宋の前半期まで遡るようである。

(8) 正一経の成立については、拙著『中国の道教』第二章第一節五、四輔説と道士の位階、及び同節の注(6)を参照。

(9)『正一威儀経』の成立については、拙著『中国の道教』第二章第一節の注(8)を参照。

(10) 道士の法位（正一法位）と四輔説との関係については、本書第二章三、天師道の受法のカリキュラムと三洞四輔説、及び拙著『中国の道教』第二章第一節五、四輔説と道士の位階、を参照。

(11)「太真科」の成立時期については、大淵忍爾『道教とその経典』(創文社、一九九七年一一月)第五章五、太真科成立の時期とその意味について、参照。

(12)「大洞法師」の称号は陸修静『太上洞玄霊宝授度儀』の次師告丹水文の項に「某嶽先生大洞法師」(三六a)と見えるが、この「大洞法師」は霊宝経を授ける法師の称号として用いられているので、上清派の「大洞法師」とは異なる。

(13) 元始系霊宝経の成立については、拙著『六朝道教史研究』第一篇第三章 霊宝経の形成、を参照。

(14) 陸修静『三洞経書目録』に載せられている霊宝経については、拙著『六朝道教史研究』第一篇第三章、霊宝経の研究・附「霊宝経の分類表」を参照。

(15)「三天」の思想と「三天法師」の称号については、拙著『六朝道教史研究』第三篇第二章、劉宋期の天師道の「三天」の思想とその形成、を参照。

(16) 拙著『六朝道教史研究』では天師道の中で三洞説を唱えた流派を天師道三洞派と名づけていたが、劉宋期及びそれ以後の天師道はそのほとんどが三洞派であるから、拙著『中国の道教』では天師道とのみ称している。本書でも天師道という名称で統一している。

(17) ここに記した仙公系霊宝経の経名は、大淵忍爾著『敦煌道経 目録編』(福武書店、一九七八年三月)に所収の「霊宝経目」(ペリオ二八六一の二、ペリオ二二五六)による。尚、仙公系霊宝経については前掲の注(6)を参照。

(18) 四輔説と正一経の形成については、拙稿「三洞四輔与〝道教〟的成立」(『道教文化研究』第十六輯所収、一九九九年四月)並びに拙著『中国の道教』第二章第一節五、四輔説と道士の位階(九五−九八頁)

を参照。

(19) アンリ・マスペロは『道教――不死の探求』(川勝義雄訳、東海大学出版会、一九六六年六月)の中で「泥丸(ニーワン)とは、サンスクリットのnirvana(涅槃)からきた言葉である」(一四頁)と述べている。しかし、泥丸の観念は本来は仏教の涅槃とは関係のない言葉であった。それが『昇玄経』において初めてニルヴァーナの音写として用いられるようになったのである。

(20) 『夷夏論』の成書年代については諸説あるが、本書では『仏祖統記』(大正四九)巻三十六の劉宋・明帝の泰始三年(四六七)の條に「逸士顧歓、夷夏論を作る」とあるのによる。

(21) 『玄都律文』の成立年代について、大淵忍爾氏は「南北朝の中ば頃に成立した」と推定している。大淵忍爾『道教とその経典』第五章 太真科とその周辺(四五三頁)を参照。近年、中国の王承文氏が「古靈寶經的齋官制度與天師道及佛教的關係」(『敦煌吐魯番研究』第六巻、北京大学出版社、二〇〇二年)という論文で『玄都律文』の成立年代を「四〇一年から四一〇年までの間」(七〇頁)と推定しているが、これには承服し難い。なぜならば、東晋末期の五斗米道で『玄都律文』で説くような教団の制度、例えば「男官・女官・主者・籙生」あるいは「道士・女官・祭酒・籙生」というような、道士や女官の地位を祭酒の上に置く位階の制度や、「内法の、自然昇玄真文已上、上清大洞已下は、須らく紫色の法服を用うべし」というような、『昇玄経』や上清経の『大洞真経』を伝授された道士の法位や法服の制度が整っていたとは、到底信じ難いからである。また北魏の寇謙之の『老君音誦誡経』(HY七八四)、あるいは劉宋初に編纂された天師道の経典の『三天内解経』(HY一一九六)や劉宋初期の天師道の科律を述べる「太真科」や陸修静の『陸先生道門科略』(HY一一一九)や『太上洞玄霊宝授度儀』や『洞玄霊宝五感文』(HY一二六八)等や、その他の劉宋期の天師道の著作に、『玄都律文』が「玄都律」あるいは「玄都律文」

の名で全然引用されていないことも、劉宋の中頃過ぎまでは『玄都律文』が存在していなかったことを示す証左となろう。尚、『玄都律文』を「玄都律」の名で引用している最も古い文献が、梁代末期に編纂された『三洞奉道科誡儀範』であることは注意すべきである。これは、『玄都律文』が梁末からさほど隔たぬ時期に編纂されたことを示唆しているからである。

王承文氏は陸修静『洞玄霊宝斎説光燭戒罰燈祝願儀』（HY五二四）に「凡そ此の禁制は並びに玄都上宮明科旧典に出づ」（一六b）とある「玄都上宮明科旧典」を、そのまま『玄都律文』を指すと解しているが、この解釈は誤りである。なぜならば、「玄都上宮明科旧典」は「天上界の玄都上宮にある明科の旧典」という意味であり、それは天上界の玄都上宮に太古から存在していると想定されている（架空の）旧い天書（旧典）を指しているのであって、現実に存在する経典を指しているのではないからである。陸修静は、『洞玄霊宝斎説光燭戒罰燈祝願儀』に記す三十一条（天上界の規律であるから、本来は三十六条あったようである）の「禁制」が天上界の旧典（天書）にも記されていると説くことによって、三十六条の「禁制」が天上界で定められたものであることを示そうとしたのである。（因みに、三十六は天の聖数である。）したがって、『洞玄霊宝斎説光燭戒罰燈祝願儀』の「玄都上宮明科旧典」は実際の『玄都律文』ではないが、しかし後に『玄都律文』が編纂される時に「玄都律文」という経典名がこの「玄都上宮明科旧典」という表現に基づいて作られた可能性は充分にあろう。『玄都律文』に『洞玄霊宝斎説光燭戒罰燈祝願儀』の「禁制」とほぼ同じ内容の三十六条の「禁制」が載せられているところから推測すれば、『玄都律文』は『洞玄霊宝斎説光燭戒罰燈祝願儀』以後に同書の三十六条の「禁制」を取り入れて、編纂されたものであろう。その際に、『洞玄霊宝斎説光燭戒罰燈祝願儀』の「玄都上宮明科旧典」に名を借りて「玄都律文」と名づけたものと思われる。

尚、『玄都律文』の「禁制」と類似する内容の「禁制」が仙公系霊宝経の『太極真人敷霊宝斎戒威儀諸経要訣』（『無上秘要』巻四八所引の『敷斎経』）にも載せられているが、王承文氏によれば、これは東晋末期に編纂された『玄都律文』に基づいて『太極真人敷霊宝斎戒威儀諸経要訣』や『洞玄霊宝斎説光燭戒罰燈祝願儀』が編纂されたからであるという（論文六三頁参照）。しかし、王承文氏の推定は『洞玄霊宝斎説光燭戒罰燈祝願儀』の「玄都上宮明科旧典」を『玄都律文』と誤解したところに発するものであるから、首肯し難い。因みに、『太極真人敷霊宝斎戒威儀諸経要訣』に「此の如きは太玄都の旧典に云うなり」（十三b）とある「太玄都旧典」も、天上界の太玄都に太古より存在していると想定されている（架空の）旧い天書（旧典）を指しているのであって、『玄都律文』を指すものではない。

ここで筆者の推定する三書の編纂過程を述べるならば、先ず劉宋の中頃に仙公系霊宝経の『太極真人敷霊宝斎戒威儀諸経要訣』が天師道の手によって述作され、次に陸修静がその霊宝経に基づいて『洞玄霊宝斎説光燭戒罰燈祝願儀』を作成し、更に『洞玄霊宝斎説光燭戒罰燈祝願儀』の後にそれを見て『玄都律文』が編纂されたのであろう。三書の成立の順番をこのように見ることによって、三書に記されている「禁制」の内容の違いや罰則に差異のある理由も合理的に説明できる。しかし、仮に王承文氏が言うように『玄都律文』に基づいて他の二書が編纂されたとすると、『玄都律文』と『太極真人敷霊宝斎戒威儀諸経要訣』（『敷斎経』）との間に三十六条の「禁制」の内容にかなりの違いがあること、特に罰則規定に大きな違いがあることの理由を、合理的に説明することが難しいであろう。

『玄都律文』の編纂が陸修静『洞玄霊宝斎説光燭戒罰燈祝願儀』の後ということであれば、『玄都律文』の成立は劉宋の末頃であろう。また『玄都律文』に記されている天師道教団の状況や道士の位階制度から見ても、天師道の教団が「治と祭酒の制度」を一部残しながら、「道館と出家道士の制度」に移行する時期に編纂されたものと推測されるので、『玄都律文』は劉宋末頃の編纂というのがもっとも妥当である。筆者は拙著『六朝道教史研究』（創文社、一九九〇年）では「劉宋末から梁初にかけての時期」（二〇六頁）と推定したが、今は『玄都律文』は劉宋末頃の編纂と考えている。

(22) 梁の孟景翼と孟智周の《喪礼儀》については、本書第二章二、梁代初期の天師道の道士の受法のカリキュラム、を参照。

(23) 『洞淵神呪経』の編纂とその思想については、拙著『六朝道教史研究』第一篇補論一『太上洞淵神呪経』と『女青鬼律』と『太上正一呪鬼経』の成書年代について、の二、『太上洞淵神呪経』の成書年代、を参照。

結　語

これまで世界の道教研究者の間で、唐代の道教には上清派（茅山派）や霊宝派（洞玄派）や三皇派（洞神派）や太玄派（高玄派）や正一派あるいは重玄派等の教派が存在し、この中で上清派（茅山派）が唐代の道教の主流であると考えられてきた。唐代の道教では上清派が主流であるという学説は、半世紀もの長きにわたって、道教史研究上の正しい学説として信じられてきた。この間に上清派（茅山派）道教という称呼も作られて、上清派（茅山派）道教が六朝隋唐の道教の主流であると主張されてきたが、しかしこれが誤りであることは、これまでの考察で明らかであろう。唐代の道教は天師道の「道教」であり、唐代の道教教団は天師道の道士によって構成されていたのである。

唐代の道教には上清派（茅山派）や霊宝派（洞玄派）や三皇派（洞神派）等の教派は存在せず、唯一天師道のみが存在し、唐代の道士の全員が天師道の道士であったということが明らかとなった現在、われわれは誤った学説に基づいて構築されてきた道教史のかなりの部分を修正して、改めて道教史を構築し直す必要があろう。更に、従来の道教史の理解に基づいて研究されていた文学や思想や歴史の分野においても、今後は大きな修正が必要になってくるように思われる。

唐代の道教で言えば、隋唐期に編纂された『太玄真一本際経』も『太上一乗海空智蔵経』も、王懸河の『上清道類事相』（HY一一二四）や『三洞珠嚢』（HY一一三一）も、唐の高宗と潘師正との問答を記録した『道門経法相承次序』（HY一一二〇）も、史崇等編『一切道経音義妙門由起』（HY一一一五）も、司馬承禎『坐忘論』（HY一〇三〇）も呉筠『玄綱論』（HY一〇四六）も、すべて天師道の「道教」思想を述べたものである。特に、これまで潘師正の『道門経法相承次序』や司馬承禎の『坐忘論』や呉筠の『玄綱論』等は上清派（茅山派）道教の代表的著作と見なされてきたが、これは誤りであり、これらの著作は皆、天師道の「道教」の思想を述べるものである。

更に、成玄英『道徳経疏』も李英『老子註』も王玄覧『玄珠録』（HY一〇四二）も、『赤松子章暦』（HY六一五）も朱法満『要修科儀戒律鈔』（HY四六三）も、孟安排『道教義枢』（HY一一二一）も、張万福や杜光庭の諸著作も、その他の唐代に編纂された諸の道教経典も、すべて天師道の「道教」思想を背景にして形成されているのである。特に、道教儀礼の大成者である、唐末・五代の道士杜光庭を上清派（茅山派）の道士を見る見方が広く行われているが(1)、これも大きな誤りであり、杜光庭はまぎれもなく天師道の道士である(2)。これまで上清派（茅山派）の道士、あるいは上清派（茅山派）道教の思想と誤解されてきた道士や著作を、天師道の道士、あるいは天師道の「道教」思想の著作と見直すことによって、唐代の道教史はこれまでとは大きく違うものになろう。

近年、唐代の道教に重玄派という流派があるように言われていて、この流派は太玄派と霊宝派の影響を受けて形成されたという。[3] しかし、これまでの考察で明らかなように、六朝隋唐期には霊宝派や太玄派という教派は存在していないのであるから、重玄派なる教派も形成されてはいない。但し、隋・唐初期には『道徳経』の解釈で「重玄」を重んずる一傾向があったことは事実のようである。だが、この傾向は隋・唐初期の天師道の道士の間での『道徳経』の解釈上の一つの風潮に過ぎないから、それを重玄派という教派名で呼ぶことには賛同し難い。なぜならば、彼等は全員天師道の道士であって、それ以外の教派に属しているという意識はなかったであろうと思われるからである。敢えて言えば、隋・唐初期には天師道の道士の中に「重玄」を重んずる『道徳経』の解釈法が流行したと考えるのが穏当であり、これらの人々を特別に重玄派と呼ぶ必要はないであろう。

唐以後の北宋・南宋の道教を考える場合にも、唐代の道教が天師道の「道教」であったという歴史的事実に立脚すれば、宋代の道教史もこれまでとは違った様相が見えてくるであろう。北宋・南宋期の道教もその根本は唐代の「道教」を引き継いでおり、道士の位階制度も基本的には唐代の天師道の道士の位階制度を継承している。そういう点では北宋・南宋の道教も天師道の「道教」であるが、ただし北宋・南宋の時期には天師道の中で新しい道術が開発され、その道術を重んずる流派が天師道の中から出現した。北宋時代には譚紫霄（?―九七三）の天心派や林霊素（一〇七五―一一一九）の神霄派という流派が、南宋期には浄明道や清微派や東華派というような流派が天師道の中から出現した。これらの流派は天師道の中に出現したものであるから、天師道とは異なる教派ではなく、天師道の支派と見なすべきものである。[4] これらの新興の流派が唱えた雷法という道術や北帝信仰も、既に北宋の真宗・咸平六年（一〇〇三）に記された孫夷中の『三洞修道儀』に載せる道教経典の中に見出せるのであるから、[5] 雷法も北帝信仰も北宗初期の天師道の中に出現した新しい道術であり、新しい信仰であった。北宋初の天師道に芽生えた雷法や北帝信仰が少しずつ発展し、あるいは更に新しい道術や新しい信仰が形成されて、天師道の中に次々と新しい流派が興ったのである。このように、宋代の道教が基本的には唐代の天師道の「道教」を継承する、天師道の「道教」であったということを知れば、これまでの宋代の道教理解に大きな誤りがあったことに気がつくであろう。唐代の道教が明確になったことによって、宋代の道教研究も再検討を迫られる状況になったと言えよう。

また、唐代の道教が天師道の「道教」ということになれば、唐代の文学研究にも大きな影響を及ぼすであろう。例えば、これまで唐代の文学研究者の間では、詩人の李白と交流のあった司馬承禎や呉筠や李含光は、皆、上清派の道士と見なされていたが、実は、彼らは全員、「天師」の称号をもつ、天師道の高名な道士であったのである。天師道の道士であるということは、彼らは特定の道経、例えば上清経あるいは霊宝経だけを信奉していたのではなく、三十六部尊経すなわち三洞四輔の経籙すべてを信奉していたのである。天師道の道士としては最高位の地位に就いた彼らは、正一部の正一経や治籙を始め、太玄部の老子道徳経も、洞神部の『三皇経』も、洞玄部の霊宝経も、洞真部の上清経も伝授されていたのである。『旧唐書』の司馬承禎や『新唐書』の呉筠の伝を見ると、司馬承禎と呉筠が皇帝の質問に『道徳経』をもって答えているが、これも彼等が『道徳経』を特別に尊重する天師道の道士であったからである。

司馬承禎や呉筠や李含光と交流のあった李白（七〇一－七六二）も、天師道の道教信者である。このことは、李白が天宝三年（七四四）に青州の紫極宮で北海の高天師（高如貴）という、「天師」の称号をもつ、天師道の道士から道籙を授かっていることでも明らかに知られよう。

天師道では洞真部の上清経で説く存思法や、洞玄部の霊宝経に基づく斎醮の儀礼や投龍簡の儀式、洞神部の『三皇経』で説く符図や神呪、太玄部の『道徳経』の思想や太清部の経典で説く仙薬の服食、あるいは正一部の符籙、等々を尊重する。これまで天師道というと、符籙と上章ばかりが強調されてきた。しかし符籙と上章は確かに天師道の基本的な方術ではあるが、それらは天師道の教法の一部でしかない。天師道教徒は道蔵に収められている三洞四輔のすべての道典、則ち三十六部尊経を信奉するので、三洞四輔の道教経典に説かれている儀礼や仙術はどれも尊尚する。したがって李白も、上清経の思想や存思法に興味を抱いていただけではなく、霊宝経の世界観にも、『道徳経』の重玄の思想にも、道観で行う斎醮の儀礼にも、天子の行う投龍簡の儀式にも、更には上章による祈願や仙薬の服食に対しても深い関心をもっていたであろうと推測される。当然、李白は道教の教主である老子も崇拝していたに違いない。李白が天宝三年に高天師から道籙を受けた場所が青州の紫極宮という老子廟であったことからも、李白が老子を崇拝していたことは明らかである。

李白のみならず、唐代の詩人や文人たちが深い関心を示した道教も、やはり天師道の「道教」であった。初唐の詩人盧照鄰(6)は道士李榮と親しい間柄にあったが、李榮は唐初の仏道論争にも参加した天師道の道士である。また盧照鄰がその碑文を書いた至真観の観主三洞法師黎興（字は元興）は『太上一乗海空智蔵経』十巻の編者でもあり、天師道の道士としては最高位の、三洞法師の法位をもつ道士であった。このように、詩人や文人たちと交流のあった道士たちは皆、天師道の道士であったから、唐代の詩人や文人たちの思想に大きな影響を与えた道教もまた天師道の「道教」であった。このような観点から、唐代の詩人や文人の道教思想を改めて見直してみると、これまで気付かなかったさまざまな重要な事柄が見えてくるように思われる。

唐代には儒教と道教と仏教の三教が思想界を占めていたが、道教の実態が明らかになったことによって、今後は儒教や仏教の研究においてもこれまで以上に道教に対する理解が必要になろう。儒教や仏教の研究においては、どちらかと言うと、道教の存在が軽視されてきたが、それは道教の輪郭が不鮮明であったために、道教との関わりを探求しようとしても、学問的な厳密さでそれを実行することが難しかったからである、ところが、今や唐代の道教が天師道の「道教」であるということが明白になったので、儒教や仏教と道教との間でどのような交渉が行われていたのかが具体的に解明できるようになった。今後の儒教研究、仏教研究においては道教の存在を無視して進めることはできないであろう。

更に、唐代には中国の周辺地域は唐文化を摂取してその影響下にあったから、唐の代表的な文化である「道教」の影響を受けている可能性は非常に高い。その道教が唐の王室から庇護された政府公認の宗教であり、その宗教が仏教とともに中国全土に普及していたという事実を考慮すれば、唐の周辺地域の文化に与えた道教の影響の大きさが推し量られよう。唐の道教が天師道の「道教」であったということが明らかになったことによって、今後は、周辺地域の文化に与えた道教の影響の実態が一層明確に解明できるようになろう。日本における道教受容の問題も改めて検討し直す必要があるように思われる。

(1) 杜光庭を上清派の道士とする見解は、砂山稔『隋唐道教思想史研究』(平河出版社、一九九〇年二月)第十一章第三節　司馬承禎との関わりと杜光庭の道統意識、や『道蔵提要』(中国社会科学出版社、一九九一年七月)の「〇四四三　洞玄霊宝三師記」の項、等に見える。
(2) 拙著『中国の道教』(創文社、中国学芸叢書、一九九八年七月)第三章四、唐の「道教」(二九九頁)、を参照。
(3) 砂山稔『隋唐道教思想史研究』第一章第二節　道教重玄派の成立と太玄派・霊宝派、を参照。
(4) 注(2)に掲載の拙著第三章五、北宋の「道教」、を参照。
(5) 本書第二章七、唐朝・北宋初期の天師道の受法のカリキュラムと道士の法位、を参照。
(6) 盧照鄰と道教の関わりについては、興膳宏「初唐の詩人と宗教——盧照鄰の場合」(吉川忠夫編『中国古道教史研究』所収、同朋舎出版、一九九二年二月)を参照。

あとがき

前著『中国の道教』（創文社、中国学芸叢書、一九九八年）を出版してから、五年近くになるが、この間、私はおもに天師道における受法のカリキュラムと経籙伝授の儀礼と道士の位階制度について研究してきた。この三種の研究対象はそれぞれ別個のように見えるが、実は相互に深く連繫しているのである。この三種の関連については、既に『中国の道教』でも少しく触れているが、しかしその具体的な関係とその関係の歴史的な推移についてはまだ充分な解明ができていなかった。そこで前著の出版後、早速に天師道における受法のカリキュラムと経籙伝授の儀礼と道士の位階制度に関する研究を始めることにした。

初めに幾つかの伝授儀を読み、経籙伝授の儀礼の構造を分析する仕事に取り掛かったが、その途中で私は大学院の授業で唐の朱法満編『要修科儀戒律鈔』巻十五・巻十六に収める「道士吉凶儀」を講読する機会を得た。講読の目的は道士の喪礼について考察することであったが、「道士吉凶儀」に記されている五服の喪服制度を分析してみると、天師道においては入門以後に伝授される経籙に一定のカリキュラムがあり、そのカリキュラムと道士の法位とが相互に密接に関連していることが明らかとなった。「道士吉凶儀」の五服の箇所は梁の孟景翼と孟智周の《喪服儀》に基づいていたので、ここを分析することによって梁代初期の天師道における受法のカリキュラムの具体的状況が解明できるようになり、その結果、梁代初期の天師道における受法のカリキュラムと道士の法位との関連が精密に検証できるようになったのである。ここで当初の予定を変更して、先に梁初以降の天師道における受法のカリキュラムと道士の位階制度の歴史的変遷を辿ってみることにした。その研究の成果をまとめたものが「天師道における受法のカリキュラムと道士の位階制度」（『東洋の思想と宗教』第十八号、早稲田大学東洋哲学会、二〇〇一年三月）という論文である。

右の論文の執筆後、再び伝授儀の研究にもどったが、伝授儀を読むうちに、天師道では経籙を弟子に授ける際に、度師・籍師・経師の三師の所在地・姓名・字・年齢・容貌等の情報を黄素（黄色の絹）に墨書して弟子に授ける儀式が行われていることを知った。そこで、経籙の伝授の際になぜこのような儀式を行うのか、その理由を考えてみた。このことが契機になって、上清経籙の伝授の系譜が形成される所以も推察できるようになり、唐の李渤『真系』等に見られる上清経籙伝授の系譜の成立を考察して、「上清経籙の伝授の系譜の成立について」（『早稲田大学大学院文学研究科紀要』第四七輯・第一分冊、二〇〇二年三月）という論文を発表した。

その後、唐代に作成された道教や道士に関する碑文や墓誌や題記、あるいは歴史資料を渉猟していると、碑文や墓誌等に見られる道士の法位が天師道の道士の法位であること、また唐代に施行された道士への給田が天師道の位階制度に基づいていること、また「道教」や「道家」の意味が天師道の思想と深く関わっていること、等が判明した。このことによって、前著の『中国の道教』で述べた自説、すなわち唐代の道士は全員天師道の道士である、という見解が間違いのないものであると確信できるようになった。そこで、新たに獲得した新知見を踏まえて、唐代の道教教団は天師道の道士のみによって構成されていた、という学説を提唱することにした。しかし、この学説は、これまで世界の道教研究者の間で長らく支持されてきた学説、すなわち唐代の道教の主流は上清派（茅山派）であるという学説と、真っ向から対立するものであるから、これを発表すれば、世界の道教研究者から猛烈な反発が起こることが懸念された。他方で、自分の唱える学説が正しければ、それが及ぼす影響は計り知れないもののようにも思われた。なぜならば、唐代の道教が天師道の「道教」であるということが事実であれば、道教史は大きく塗り替えられなければならないし、ただそれだけではなく、唐宋の文学・思想・歴史の研究に対しても、あるいは周辺地域の文化研究に対しても多大な影響を及ぼすであろうと予測できたからである。そこで私は、道士の位階制や道士給田制という客観的な制度を主要な論拠にして、唐代の道教教団が天師道の道士のみによって構成されていたことを実証し、それを発表することにした。先ず、昨年（二〇〇二年）七月六日に開かれた早慶中国学会の公開講演会（早稲田大学文学部）で「唐代の道教教団と天師道」と題する講演、続いて八月十三日に中国社会科学院歴史研究所で「唐代的道教教団與天師道」と題する講演を行った。この二つの講演では予想以上の反響があり、私も講演の内容を論文にして公刊すべきであると思うようになった。そこで中国から帰国すると、早速に論文の作成に取り掛かり、「唐代の道教教団と天師道」と題する論文を書き上げ、『東洋の思想と宗教』第二十号（早稲田大学東洋哲学会、二〇〇三年三月）に掲載した。

「唐代の道教教団と天師道」の論文を書き上げた後暫くして、私は本書の出版を企画した。それは、この論文の議論の前提にある道士の位階制度を、読者が完全に理解するには、上記の「天師道における受法のカリキュラムと道士の位階制度」の論文を読者に読んでもらう必要がある、また上清経籙の伝授の系譜を上清派（茅山派）の系譜と解釈してきた従来の学説は誤りである、と読者が納得するには、ぜひとも「上清経籙の伝授の系譜の成立について」の論文も読んでもらう必要がある、と感じたからである。そこでこの三篇の論文に、以前書いた「『昇玄経』の成立年代とその編纂者」（平井俊榮博士古稀記念論集『三論教学と仏教諸思想』、春秋社、二〇〇〇年十月）という論文を加えて、一冊の書物を作ることにした。『昇玄経』の論文には道士の位階制度に関わる内容が含まれているので、天師道における道士の位階制度の成立と展開を知るうえで欠かせない論考であった。各論文を本書に収めるにあたっては、全体で一つの体系になるようにそれぞれの論文にかなりの補訂を加えた。

索引の作成は、阿　純章氏（早稲田大学大学院文学研究科東洋哲学専攻博士後期課程在籍）と酒井規史氏（同上）にお願いした。また目次と要旨の英文翻訳は、ショーン・アイクマン博士（Dr. Shawn Eichman バージニア美術館キュレーター）にお願いした。アイクマン博士はアメリカの新進気鋭の道教研究者であり、一九九九年に早稲田大学大学院文学研究科東洋哲学専攻博士前期課程を修了している。阿氏、酒井氏、アイクマン博士の三氏の協力に対して謝意を表したい。

本書の出版は、知泉書館社長小山光夫氏にお願いした。小山氏は創文社で東洋学叢書の発刊に携わり、長らくその編集を手がけてこられたが、私も拙著の『六朝道教史研究』（東洋学叢書、一九九〇年）や『六朝佛教思想の研究』（東洋学叢書、一九九三年）や『中国の道教』の出版では大変にお世話になっている。今回の出版でもまた小山氏を煩わすことになってしまった。学術書の出版が非常に困難な時世にもかかわらず、敢えて自社の知泉書館で本書の出版を引き受けてくださった小山氏のご好意に対して　厚く御礼申し上げる。

尚、本書には平成十四年度科学研究費（基盤研究B（2）・課題番号14310010）の研究成果の一部が含まれている。

二〇〇三年三月一二日

小林　正美

小林 正美（こばやし・まさよし）

1943年東京に生まれる．1967年早稲田大学第一文学部哲学科東洋哲学専修卒業，1973年同大学院文学研究科博士課程東洋哲学専攻修了．1983-85年，ハーバード大学イェンチン研究所招聘研究員．1994-95年，北京大学哲学系交換研究員．現在，早稲田大学文学部教授，道教研究所所長，文学博士（早稲田大学）．

〔著書〕『六朝道教史研究』（創文社，東洋学叢書．中国語版『六朝道教史研究』李慶訳，四川人民出版社），『六朝仏教思想の研究』（創文社，東洋学叢書），『中国の道教』（創文社，中国学芸叢書）

〔唐代の道教と天師道〕　ISBN4-901654-15-2

2003年4月25日　第1刷印刷
2003年4月30日　第1刷発行

著者　小　林　正　美
発行者　小　山　光　夫
印刷者　藤　原　良　成

発行所　〒113-0033 東京都文京区本郷1-13-2
電話(3814)6161　振替 00120-6-117170
http://www.chisen.co.jp
株式会社 知泉書館

Printed in Japan　印刷・製本／藤原印刷

TANG DYNASTY DAOISM

AND

THE WAY OF THE CELESTIAL MASTERS

by

Masayoshi KOBAYASHI

CHISENSHOKAN, Tokyo

2003

Table of Contents

Chapter 2
The Curriculum of Religious Investiture in the Way of the Celestial Masters and the Hierarchical Structure for Daoist Priests

Chapter 3
The Theory of the "Three Masters 三師" in the Transmission of Scriptures and Registers and the Formation of the Genealogy for Transmission of the Highest Purity Scriptures and Registers

Section 1 Introduction ······134
Section 2 The Concept of the Three Masters (*dushi* 度師, *jishi* 籍師 and *jingshi* 經師) in the Transmission Rituals for Scriptures and Registers······135
Section 3 The Genealogy of Transmission for the *Shangqing dafa* 上清大法 in the *Dongxuan lingbao sanshi ji* 洞玄靈寶三師記 ······144
Section 4 The Significance of Li Bo's 李渤 "Perfected Genealogy 眞系" ······152
Section 5 Chen Zi'ang's 陳子昂 *Stele for Pan Shizheng* 潘師正碑 ······160
Section 6 Conclusion ······164

Chapter 4
Shengxuan fashi 昇玄法師 and the Compilation of the *Shengxuan jing* 昇玄經

Section 1 Introduction ······170
Section 2 The Period of Establishment for the *Shenxuan jing* ······171
Section 3 The Compiler of the *Shengxuan jing* and the Way of the Celestial Masters ······185
Section 4 The Harmonization of Daoism and Buddhism in the *Shengxuan jing* ······192
Section 5 *Shengxuan fashi* and the Transmission of the *Shengxuan jing* ······195
Section 6 Conclusion······198

Conclusion ······207
Postscript ······214
Index ······*12–28*
Abstract ······*5*
Table of Contents ······*2*

Abstract

I

During the Tang 唐 dynasty, the religion of Daoism was called the "Teachings of the Way" (*Daojiao* 道教) or the "Teachings of Laozi 老子" (*Laojiao* 老教). In official documents and other historical texts, both of these terms are frequently used in reference to Daoism. For example, the term *Daojiao* as a name for Daoism can be found in official documents from the reigns of the Tang emperors Gaozong 高宗 (r. 649-683) and Xuanzong 玄宗 (r. 712-756), and the empress Wu Zetian 武則天 (r. 684-705). A similar usage of the term *Daojiao* can be found in Buddhist writings from the Tang dynasty, as in the Buddhist monk Daoxuan's 道宣 (596-667) record of debates between Daoism and Buddhism[1]. Daoxuan also uses the term *Laojiao*[2], as does an official document from the reign of emperor Zhongzong 中宗 (r. 683-710)[3]. In each case, it is clear that the terms *Daojiao* or *Laojiao* refer to the religion of Daoism from their juxtaposition with terms for Buddhism such as *Fojiao* 佛教, the "teachings of the Buddha" or *Shijiao* 釋教, the "teachings of Shakyamuni".

The use of *Daojiao* and *Laojiao* as names for Daoism during the Tang dynasty allows us to establish a definition of this religion based upon what was practiced under the rubric of these two terms. While this may seem obvious, considerable confusion has resulted in scholarship on Daoism up to this point from a failure to establish parameters for the term "Daoism." Consequently, I would first like to narrow the scope of this book by defining the "Tang Dynasty Daoism" of the title to that which was practiced during the Tang as *Daojiao* or *Laojiao*.

The term *Daojiao* as a name for Daoism literally means the "teachings (*jiao* 教) spoken by the Way (*Dao* 道)." In this case, the Way has been anthropomorphized and deified, becoming identical to the deified Laozi. Accordingly, the term *Daojiao,* the "teachings spoken by the Way (=Laozi) " has the same significance as the term *Laojiao,* which literally means the "teachings (*jiao*) spoken by Laozi." Both terms were first used as references to the religion of Daoism during the middle of the fifth century, in the Liu-Song 劉宋 dynasty. This occurred within the Way of the Celestial Masters, and both terms were used as names for the religious system developed by this movement. At that time, the Way of Celestial Masters incorporated into their own tradition many religious writings of diverse origins, most notably the Three Emperors (*Sanhuang* 三皇), Numinous Treasure (*Lingbao* 靈寶), and Highest Purity (*Shangqing* 上淸) scriptures of the Way of the Ge Family 葛氏道 and the Highest Purity movement 上淸派. These scriptures were arranged into a system of Three Caverns (*sandong* 三洞), subdivided into Twelve Sections (*shier bu* 十二部), and collectively called the "Revered Scriptures in Thirty Six Sections" (*Sanshiliu bu zunjing* 三十六部尊經). Since Laozi was the highest deity of the Way of the Celestial Masters, and was equivalent to the Way or Great Way (*Dadao* 大道), they considered him to be the ultimate source of all the teachings in the Revered Scriptures in Thirty Six Sections, and the terms *Daojiao* or *Laojiao* were used for these teachings. Consequently, the terms *Daojiao* and *Laojiao* can be defined as the teachings of Laozi (= the Great Way) based on the Revered Scriptures of the Thirty Six Sections, as advocated by the Way of the Celestial Masters beginning in the Liu-Song dynasty[4)].

In this book, I will show that the *Daojiao* or *Laojiao* of the Tang dynasty was a continuation of that first established by the Way of the Celestial Masters during the Liu-Song dynasty. As a result, the Daoism of the Tang dynasty was the Way of the Celestial Masters. Through an analysis of the Daoist institu-

tions, the hierarchical structure for Daoist priests, and the curriculum of religious investiture for these priests during the Tang dynasty, it will become clear that the Daoist institutions of the Tang dynasty, namely Daoist priests and the monasteries (*daoguan* 道觀) in which they resided, were shaped by a unique curriculum of religious investiture established by the Way of the Celestial Masters, and a hierarchy based on this curriculum.

In official documents from the Tang dynasty such as those mentioned above, Daoism and Buddhism are often discussed simultaneously. In fact, historical records indicate that they were under the supervision of the same government agency[5)]. This indicates that Daoism and Buddhism were the two primary religions that received official recognition from the Tang imperial court. For both religions, this institutional recognition was dependent upon regulated organizational structures.

The most fundamental similarity between the organizational structures of Daoism and Buddhism was a system of monasticism (*chujia* 出家) in which believers left their homes and families to live in Daoist or Buddhist monasteries. Monasteries for Daoist priests, or *daoshi* 道士, were called *Daoguan* 道觀, while monasteries for Buddhist priests, or *senglu* 僧侶, were called *Fosi* 佛寺. Governmental management of both religions was conducted through these monasteries, and had two aspects : regulation and maintenance. Under the first, monasteries of both religions required government permission for their facilities, and for accepting those who wished to take monastic vows. Under the second, both Daoist priests and Buddhist monks received economic support from the government through land grants. In addition, Daoist priests and Buddhist monks were exempt from taxation and *corvee* labor, and benefited from a separate system of punishments for illegal activities.

An examination of the institutional religion of Daoism

during the Tang dynasty reveals that it was defined by the organizational structures of the Way of the Celestial Masters. However, in a substantial number of previous studies on Daoism, it has been proposed that there were several sects active during the Tang, and that among them a sect called Highest Purity (*Shangqing* 上清) was dominant. This theory has resulted from a failure to study the most fundamental aspects of the religion, especially its institutional organization. Research on Daoism up to this point has devoted insufficient attention to the hierarchical structure for Daoist priests, and the relationship between this hierarchy and the curriculum of religious investiture has been virtually ignored. As a result, the nature of the Daoist priesthood during the Tang dynasty has been misunderstood on a very basic level, and the underlying foundation of this priesthood in the Way of the Celestial Masters has been overlooked.

II

If my proposition that the institutional religion of Daoism during the Tang dynasty was defined by the organizational structures of the Way of the Celestial Masters is correct, then it follows that the entire hierarchy of Daoist priests was subsumed within this movement, and that other independent sects of Daoism did not exist. As noted above, this proposition directly contradicts the underlying assumptions of most previous scholarship on Daoism, which maintains that there were several sects of Daoism active in the Tang dynasty, and that a sect called Highest Purity (also known as Maoshan 茅山, after the mountain around which the movement began) was dominant.

This theory is supported by many recent studies, including works by Chinese scholars such as the revised editions of Qing Xitai's 卿希泰 *Daojiao shi* 道教史 (*History of Daoism*)[6] and Ren Jiyu's 任繼愈 book of the same title[7]. Similarly, in Japan, the dominance of the Highest Purity sect in the Tang dynasty has

been supported by prominent scholars such as Yoshioka Yoshitoyo 吉岡義豐[8] and Kubo Noritada 窪德忠[9], while in Europe and the United States, representative works like Isabelle Robinet's *Histoire du Taoisme*[10] and its English translation, *Taoism : Growth of a Religion*[11], present many of the most eminent Daoist priests of the Tang, like Wang Yuanzhi 王遠知, Pan Shizheng 潘師正, Sima Chengzhen 司馬承禎 and Li Hanguang 李含光 as members of the Highest Purity sect.

Tracing this theory back to its source, the first modern scholar to propose the existence of a sect called Highest Purity, and to examine this sect from an academic standpoint, was Miyakawa Hisayuki 宮川尚志. Miyakawa first touched on the existence of the Highest Purity sect in his 1948 book *Rikucho shukyoshi* 六朝宗教史[12] (*History of Religion in the Six Dynasties Period*), followed this with an article in 1950 discussing the profound relationship between the Tang imperial house and the Highest Purity sect[13], and conducted detailed research on the Highest Purity sect during the Eastern Jin 東晉 dynasty in a third article published in 1951[14]. In these works, Miyakawa relied primarily on lineages outlined in the historical sources *Maoshan zhi* 茅山志 compiled by Liu Dabin 劉大彬 in the Yuan 元 dynasty, *Zhenxi* 眞系 compiled by Li Bo 李渤 in the Tang dynasty, and *Zhengao* 眞誥 compiled by Tao Hongjing 陶弘景 in the Liang 梁 dynasty, which he interpreted as lineages of the Highest Purity sect.

Following Miyakawa's research, Fukui Kojun 福井康順 published an article in 1953 that explored in detail the relationship between the Highest Purity sect and another sect called the Way of the Ge Family (*Geshi dao* 葛氏道)[15]. In this article, Fukui takes the development of the Highest Purity sect as an independent movement to be an accepted fact, and presents both sects as representing orthodox traditions of Daoism. Since Miyakawa's and Fukui's publications, it has been firmly held in Japan that

beginning in the middle of the Eastern Jin period the Highest Purity sect was the dominant tradition of Daoism.

Subsequently, a further lineal chart for the Highest Purity sect was included in a 1955 publication by Yoshioka Yoshitoyo[16]. This chart was based on an earlier one by the Chinese scholar Chen Guofu 陳國符, presumably from the first edition of his seminal work *Daozang yuanliu kao* 道藏源流考 (*Study of the Origins of the Daoist Canon*)[17], published in 1949. Since Yoshioka's publication, all of these lineages have been understood to delineate the historical development of an independent sect of Daoism called Highest Purity, which represented the dominant, orthodox tradition of the religion. For the last half century, this understanding has been accepted as an established theory, the accuracy of which is beyond question.

In the following study, I hope to encourage a reexamination of this established theory in light of the most fundamental organizational structures of the institutional religion of Daoism during the Tang dynasty. Thereby, I will question the dominance, and even the very existence, of the Highest Purity sect as an independent movement in the Tang, and propose that, rather, Daoism was defined by the Way of the Celestial Masters.

Note

1) *Ji gujin Fo Dao lunheng* 集古今佛道論衡, (T2104)

2) Daoxuan actually uses the term *Lao Shi erjiao* 老釋二教, "the two teachings of Laozi and Shakyamuni," but this can be broken down into the terms *Laojiao* 老教 and *Shijiao* 釋教.

3) The specific citations for these sources can be found in the notes to the Japanese text of the preface.

4) For a detailed discussion, see my previous book *Chugoku no Dokyo* 中国の道教, especially section 2, The Establishment of Daoism, and section 4, *Daojiao* and the Three Caverns Theory.

5) The specific citation for this can be found in the notes to the Japanese text of the preface.

6) Qing Xitai, ed., *Zhongguo Daojiao shi* 中国道教史, (Sichuan renmin chubanshe 四川人民出版社, revised 1996 edition). See the original Japanese text of the preface for the specific citation.

7) Ren Jiyu, ed., *Zhongguo Daojiao shi* 中国道教史, (Zhongguo shehui kexua chubanshe 中国社会科学出版社, revised 2001 edition). See the original Japanese text of the preface for the specific citation.

8) Yoshioka Yoshitoyo, *Eisei eno negai – Dokyo* 永世への願い——道教, (Tankosha 淡交社, 1970). See the original Japanese text of the preface for the specific citation.

9) Kubo Noritada, *Dokyoshi* 道教史, (Yamakawa shuppansha 山川出版社, 1977). See the original Japanese text of the preface for the specific citation.

10) Isabelle Robinet, *Histoire du Taoisme,* (Les Editions du Cerf, 1991).

11) Isabelle Robinet, *Taoism : Growth of a Religion,* (Stanford University Press, 1997).

12) Miyakawa Hisayuki, *Rikucho shukyoshi* 六朝宗教史, (Kobundo 弘文堂, 1948).

13) Miyakawa Hisayuki, "Toshitsu no sogyo to Bozanha Dokyo 唐室の創業と茅山派道教," *Bukkyo shigaku* 佛教史学, 1. 3 (1950).

14) Miyakawa Hisayuki, "Bozanha Dokyo no kigen to seikaku 茅山派道教の起源と性格", *Toho shukyo* 東方宗教 1 (1951).

15) Fukui Kojun, "Kasshido no kenkyu 葛氏道の研究", *Toyo shiso kenkyu* 東洋思想研究 5 (1953).

16) Yoshioka Yoshitoyo, *Dokyo kyoten shiron,* 道教經典史論, (Dokyo kankokai 道教刊行会, 1955).

17) Chen Guofu, *Daozang yuanliu kao* 道藏源流考, (Zhonghua shuju 中華書局, 1949).

人名索引

ア　行

韋景昭　59,165
隠居先生　154　→陶弘景
隠居陶公　160　→陶弘景
陰志清　27
睿宗　28,168
閻（履明）　27
応夷節　26,115,146-50,152,158,167
王遠知　8,15,134,147-49,154-56,159,160-65,168
王軌　163,165
応君　146,147　→応夷節
王君　134,160　→王遠知
王懸河　128,199,208
王玉真　27
王献之　37,39
王玄覧　208
王子敬　37,39
王霊期　130

カ　行

郭崇真　157
葛玄　189
葛洪　37,191,193
葛仙公　189　→葛玄
葛巣甫　131
華陽隠居　165　→陶弘景
簡寂　158　→陸修靜
簡寂陸君　134　→陸修靜
顔真卿　153-58,164
韓法昭　157,160
許翽　15,134,159
玉真公主　107
許君　134　→許翽
許黄民　15,134,159
許謐　15,57
金仙公主　107
玄嶷　200
玄奘　3
憲宗（唐）　115
玄宗（唐）　3,28,32,41,42,47-49,52,53,62,126,154,155,168
玄文　134　→許黄民
呉筠　29,58,59,208,210,211
寇謙之　47,203
高祖（唐）　3,31
高宗（唐）　3,40,168,208
高天師（高如貴）　29,211
高如貴　→高天師
江旻　163,
顧歡　37,38,44,61,194,203

サ　行

蔡子晃　51
三師（張陵・張衡・張魯）　28
三張（張陵・張衡・張魯）　50,51
三徴君　146　→馮惟良
史崇　107,208
史崇玄　→史崇
司馬君　134,135　→司馬承禎
司馬子微　157,160,161　→司馬承禎
司馬承禎　8,15,28,29,48,134,147-

149, 153-58, 160-65, 168, 208, 210, 211, 213
謝鎮之　38
周顒　36
殳季真　15, 134, 159
朱法満　16, 26, 66, 67, 74, 126, 127, 137, 176, 197, 199, 208
昇玄王君　147, 160　→王遠知
昇玄子　155　→王遠知
昇玄先生　154　→王遠知
葉広寒　29
葉弧雲　29
紫陽先生　155　→李含光
葉蔵質　147
葉法善　26, 29
小孟　→孟智周
徐太享　42
徐霊府　151
秦王　159　→太宗
秦世英　51
真宗（北宋）　210
成玄英　51, 199, 208
石井公　66
薛季昌　147, 148, 153
薛天師　147　→薛季昌
蔵矜　134, 163
宗道先生　134　→蔵矜
則天武后（唐）　3, 43, 126
孫夷中　29, 116, 210
孫君　134　→孫遊嶽
孫智凉　49
孫遊嶽　15, 134, 159

タ・ナ行

体玄　155, 158　→潘師正
体玄先生　154, 158　→潘師正
体玄潘真人　147　→潘師正
体玄潘先生　157　→潘師正
太宗（唐）　30-32, 34, 159
大孟　→孟景翼
譚紫霄　209
索（崇術）　27
張（仁邃）　27
馬（遊嶽）　26
中宗（唐）　3
張玄誓　26
張衡　28, 50
張少任　115, 150
張続先生　66
張天師　28, 47　→張道陵
張万福　17, 18, 25-27, 35, 77, 78, 84, 100, 105-09, 113, 115, 130, 141, 144, 197, 208
張道陵　28, 36, 42, 46-48, 50, 61, 127, 185-87, 191, 195
張陵　→張道陵
張魯　28, 49, 50, 51
陳羽　163
陳寡言　151
沈観無　147
陳子昂　160-62, 164
陳葆光　126
貞一　149, 154　→司馬承禎
貞一司馬真人　147　→司馬承禎
貞一先生　154, 155　→司馬承禎
鄭思遠　191
田虚応　29, 61, 146, 147, 149-52, 158
田君　146, 147, 149　→田虚応
田良逸　26, 148　→田虚応
道安（北周）　36
陶隠居　155　→陶弘景
陶君　134　→陶弘景
道元先生　146　→応夷節
陶弘景　8, 9, 15, 24, 39, 47, 48, 69, 104, 125, 126, 130, 131, 134, 147-49, 151, 152, 154-56, 159-65
陶公　160-62　→陶弘景
唐真戒　27
道世　31

道宣　3,30,50,51
陶先生　104　→陶弘景
鄧牧　126
道陵　195　→張道陵
杜光庭　26,28,29,60,61,115,136,146-53,158,164,165,167,168,208,213
杜祐　52

二孟（孟景翼・孟智周）　66,69-71,74,79,81,83,85,87,88,97,137,139,167

ハ～ワ行

馬枢　39,44,70
馬朗　15,134
潘君　134　→潘師正
潘師正　8,15,28,29,40,59,134,147-49,153-65,168,208
憑惟良　26,146-48,150-52,158
憑君　146,151　→憑惟良
傅奕　50
武宗（唐）　29,61,147,149
武帝（北周）　140,171,172,199
武帝（梁）　90,99,128,129,140,156,172,175,176,199
包士栄　165
包方広　165
包法整　165
法琳　40,41,50

明概　50,51
明僧紹　36,37
明帝（劉宋）　44,134,184,203
孟安排　199,208
孟景翼（大孟）　16,39,66,69,70,137,156,196,206
孟宗宝　126
孟智周（小孟）　16,66,69,70,137,156,196,206

楊羲　15,134,135,152,153,159
楊君　57,134,135　→楊羲

李栄　3,212
李英　208
李含光　8,15,26,28,29,135,152-58,165,210,211
李君　57,135　→李含光
陸君　134　→陸修靜
陸修靜　15,40,44,45,134,157-59,167,184,201,202,204,205
陸長源　165
李仲卿　50,200
李白　28,29,153,155-57,164,210-12
李渤　8,9,15,26,134,152.156,164,166
利无上　27
劉䚢　35,36
劉処靜　26,29,60,61,115,136,146-53,158,164-67
劉進喜　200
劉大彬　8,9,15,164
林霊素　209
黎興　59,60,212
盧照鄰　212,213

書名索引

（勅令、符籙、碑文、墓誌、書簡等を含む）

ア　行

『夷夏論』　38,44,61,194,203
一将軍籙　103
『一切道経音義妙門由起』　16,88,170,174,208
『雲笈七籤』　8,15,134,170,191
永仙観碑　59
益州至真観主黎君碑　59,60
王屋山劉若水碑　62

カ　行

廻車交帯　96
廻車畢道　115,150
『科誡儀範』　16,23,27,28,79,85,90,106,115,128,129,140,156,167,171,172,176,196,197,199,200,204
『河上公章句』　128,129
『河上公注』　104　→『河上公章句』
『河上真人注』　91,128,129
河図　106,109,111-14,123
河図宝籙　17,106
河図籙　68　→十籙
華陽三洞景昭大法師碑并序　59,165
『魏書』釈老志　47
九宮扞厄　90,103
九皇図　92,104
九州社令籙　68,90,103　→十籙
九天真符　91,103
九天都統　90
九天破殗　90,103
九天発兵符　91,92,103
九天鳳気玄丘太真書籙　94
玉真公主受道霊壇祥応記　59
玉清景　71
許長史旧館壇碑　24,163
金鈕　106
禁行刑屠殺詔　3
禁山（符）　17,69,71,74,83-85　→五法（事項索引）
金丹経　77
禁屠宰勅　41
『旧唐書』　3,53,59,162,163,210
『弘明集』　35-38
景昭法師碑　59
慶唐観紀聖銘　41
契令　92
血液券　68　→上清の四券
決対傅奕廃仏法僧事并表　50,51
月奔　71　→三奔
券契　108
『玄綱論』　58,208
元始系霊宝経　125,126,182-84,186,198,202
『玄珠録』　208
『甄正論』　200
玄都上宮明科旧典　204,205
『玄都律文』　195,196,203-06
元命赤籙　103
元命籙　67-69,91
『玄門大義』　128,129,199
『広弘明集』　36,50
黄書契令　90
黄神越章　92
黄赤券契　90

『黄庭経』　38
『黄帝内景経』　193
五嶽　69,71,74,83,85　→五嶽真形図
五嶽真形図　17,83,94,100,105　→五法（事項索引）
『後漢書』　50
五千文　69,71-77,81-84,87-89,101,106,138,139,144,189　→『老子道徳経』
五千文朝儀　91,128
五千文籙　45,46
故大洞法師斉国田仙寮墓誌　60
五牒　103
乞児券　68　→八券
『業報因縁経』　172,176,199,201
五符　17,70,71,74,83-85,111,112　→霊宝五符
五老赤書真文　82,83
金剛童子籙　92,104

サ　行

斎儀一巻　104
『坐忘論』　208
三一真諱　104
三景　71
『三皇経』　4,16,17,24,30-35,43,75,77,79,81-84,100,124,198,210,211
三皇大字　35,104,108
三皇天文　173,174
三皇天文大字　92,100
三皇内文　35,100,104,105
斬邪籙　68,103　→十籙
三将軍図　92,104
三将軍籙　90
三聖記碑　60
三天正法除六天玉文　105
三天正法籙　71　→三籙
『三天内解経』　127,194,203
『三洞経書目録』　184,185,202
『三洞群仙録』　126,127
『三洞衆戒文』　25,26
『三洞修道儀』　29,116,120,121,210
『三洞珠嚢』　40,44,128,170,199,208
『三洞奉道科誡儀範』　→『科誡儀範』
三洞宝籙　28,119,120
三奔　70,71
三籙　70,71,106
『三論元旨』　170
賜益州長史張敬忠勅　42
四契　109,142
『四極明科』　201　→『太真玉帝四極明科経』
紫虚籙一巻　104
紫宮　104
紫宮移度大籙　92
自然券　78,79,82,84,103,104,106,118
自然昇玄真文（『玄都律文』所引）　195,196
七伝　70,71,82,83
十戒盟文　26,28
賜天師司馬承禎三勅　28,168
紫文素帯　150
『宗玄先生玄綱論』　→『玄綱論』
『集古今仏道論衡』　3,30,50,51
十将軍籙　68,90,103　→十籙
十籙　67-69
授田令　30
『受籙次第法信儀』　17,109,113,144
『正一威儀経』　16,23,27,54,88,98,141,143,175-77,196,202
正一経　77,91,190,191,199,201,203,210
正一経（『一切道経音義妙文由起』所引）　16,88,174-77,196
正一経（『道教義枢』所引）　76,190

正一経図科戒品（『道教義枢』所引）
76
正一の仙霊符　106
正一法文　76
『正一法文護国醮海品』　191
正一盟威某籙　108
昇玄威儀経　197
『昇玄経』　17,18,99,106,112,118,123,129,170-74,176-200,203
昇玄券　68　→八券
昇玄七十二字大券　92,108,172
昇玄真教　181　→『昇玄経』
昇玄内教　171,196　→『昇玄経』
昇玄内教経　171,172,195　→『昇玄経』
昇玄内教无上経　180　→『昇玄経』
昇玄妙経　172　→『昇玄経』
上皇玉籙　71　→三籙
丈人祠廟碑　42
上清経　4,16,38,43,49,75,77,79,81-83,85,96,107,124,125,130,178,179,186,203,210,211
上清景　71
上清玄都交帯　17,96
上清三品経　82
上清の七券　106,109,142
上清紫紋交帯　17,96
上清真訣　63
『上清太極隠注玉経宝訣』　173,184
上清太素交帯　17,96
上清大洞三景畢籙　63
上清大洞真経　70
『上清投簡文』　49,95
『上清道類事相』　170,208
上清の四券　68
上清白紋交帯　17,96
『正二教論』　36,37
秦温売地券　60
真経　70,71,79,131,134,135,152
『真系』　8,9,15,26,57,134,135,152-54,156-59,164,166
『真誥』　8,39,69,71,95,130,131,156
神呪の符契図経　106
『晋書』　37,39
神仙券　68　→上清の四券
『新唐書』　210
真文二籙　106,109
『隋書』経籍志　45,171,196
『隋書』地理志　49
青甲籙　68,91,103　→十籙
西山観造像題記　59
聖真観故鄭尊師誌銘　60
星奔　71　→三奔
赤甲籙　91,103
『赤松子章暦』　23,40,58,59,208
藉地騰天　115,150
赤丙籙　91,103
『世説新語』　37,39
節解二巻　104
仙雲観大業造像題記　60
仙雲観武徳造像題記　60
仙官七十五将軍籙　103
仙公系霊宝経　126,173,184,187-89,198,201,202,205
『千真科』　199
『仙都山志』　167
仙霊二官籙　82,83
仙霊百五十将軍籙　103
仙霊籙　102
荘子　171,196
『想爾注』　91,104
《喪礼儀》（「道士吉凶儀」所収）　16,66,69,70,81,137,138,156,167,196,206
続唐故中嶽体玄先生潘尊師碑頌　160　→潘師正碑

タ　行

岱岳観碑（『金石萃編』）　26,59
『太極真人敷霊宝斎戒威儀諸経要訣』　189,205
太玄四部籙　68　→十籙
『太玄真一本際経』　171,191,196,198-200,208
太玄都旧典　205
『太玄都四極明科』　→『太真玉帝四極明科経』
太玄都中宮女青律文　20
『太玄都（→部）老子自然斎儀』　129
太湖投龍記　60
『太上一乗海空智蔵経』　208,212
『太上慈悲道場消災九幽懺序』　26,155
太上昇玄経（霊宝経の別称）　173,174,181,185
『太上太極太虚上真人演太上霊宝威儀洞玄真一自然経訣上巻』　188
『太上洞玄霊宝本行因縁経』　188
『太上洞玄霊宝金籙簡文三元威儀自然真一経』　188
『太上洞玄霊宝業報因縁経』　→『業報因縁経』
『太上洞玄霊宝三洞経誡法籙択日暦』　17,25,35,84,105
『太上洞玄霊宝授度儀』　167,201,202,204
『太上洞玄霊宝昇玄内教経』　92,99,171　→『昇玄経』
『太上洞玄霊宝真一勧誡法輪妙経』　188
『太上洞玄霊宝大道无極自然真一五称符上経』　188
『太上洞玄霊宝本行宿縁経』　188
『太上霊宝昇玄内教経』　170,180　→『昇玄経』
『太上霊宝昇玄内教経中和品述議疏』　170,180-82,187,189,192,193
『太霄琅書瓊文帝章訣』　20,136
太真科　178,179,202,204
『太真玉帝四極明科経』　20,21,23,126,130,174,179,180,201
太清経　178
太清景　71
太素玄都紫紋交帯　106
大存図一巻　104
大唐王屋山上清大洞三景女道士柳尊師真宮志銘　60,63
大唐故東京大弘道観三洞先生張尊師玄宮誌銘并序　60
『大洞真経』　193,203
大唐大弘道観主故三洞法師侯尊誌文　60,62
『大道通玄要』　170,192
『大唐六典』　5,29,46,47,52,53,55
大唐麟趾観三洞大徳張法師墓誌　60
大度券　68　→上清の四券
『太平経』　77
『太平御覧』　39,70,170
大盟真文　104
中元日鮑端公宅遇呉天師聯句　29
中条山靖院道堂銘并序　60
中盟経　104,106,109
朝儀一巻　104
張探玄碑　59
張天師賛　48
『陳伯玉文集』　160
通霊券　68　→上清の四券
『通典』　52
定志券　68　→八券
停勅僧道犯罪同俗法推勘勅　3
伝儀一巻　104
『伝授経戒儀注訣』　128,129,140,167
『伝授三洞経戒法籙略説』　25,27,28,35,77,78,100,101,105,107,130
天柱観記　60

田部禁気　103
天霊赤官　90,103
『洞淵神呪経』　17,18,91,99,112,123,129,198,206
『唐会要』　43,47,48,52
『道学伝』　39,40,44,70
唐漢東紫陽先生碑銘　28,153,155,164
『道教義枢』　76,170,190,199,208
『道教霊験記』　28,29,168
洞玄弟子弁法遷造天尊像題記　59
『洞玄霊宝玉籙簡文三元威儀自然真経』　139,140
『洞玄霊宝五感文』　204
『洞玄霊宝斎説光燭戒罰燈祝願儀』　204,205
『洞玄霊宝三師記』　26,29,60,61,115,136,144,146,147,149-51,153,164,166,167
『洞玄霊宝三師名諱形状居観方所文』　17,25,106,107,113,141,144,197
『洞玄霊宝三洞奉道科戒営始』　171　→『科誡儀範』
『陶公伝授儀』　84,85
唐国師昇真先生王法主真人立観碑　59,163
唐故内玉晨観上清大洞三景法師賜紫大徳仙官銘并序　60
東西禁文　105
東西二禁　92,100
道士移文　66-68,81-83,85,86,89
道士吉凶儀（『要修科儀戒律鈔』所収）　16,66-68,73,81,85,89,137
『洞霄図志』　126,127
『登真隠訣』　95,156
『洞神経』　35,92,70,104,186,197
洞神三皇の符図経　106
『洞真太上太霄琅書』　19,20,22,99,130,135-37
唐石灯記　59
答大恒道観主桓道彦等表勅　3
唐大明宮玉晨観故上清大洞三景弟子東嶽青帝真人田法師玄室銘并序　60,63
『道典論』　170,
『道徳経』　31,32,39,77,80,89,118,127,130,178,209,211　→『老子道徳経』
『道徳経疏』　208
道徳五千文　108,141　→五千文
唐茅山燕洞宮大洞錬師彭城劉氏墓誌銘并序　60
『道門経法相承次序』　28,40,168,170,178,208
東野大禁籙　68　→十籙
都功版　91,110,112,115,150
都章畢印籙　68,90,103　→十籙

ナ　行

内解二巻　104
『南斉書』　37,38,44
『二教論』　36
日奔　71　→三奔

ハ〜ワ行

売子券　68　→八券
破殗籙　68　→十籙
『白雲先生坐忘論』　60
『白氏六帖事類集』　30
『破邪論』　170
八真七伝七巻　95
八景内音　104
八券　67-69
八宿　104
八素曲辞籙　71　→三籙
八牒　103
潘師正碑　160,162,164
畢道券　17,96,112

百鬼召籙　68　→十籙
百五十将軍籙　90,195
普下版　92,104
『佛祖統記』　203
『弁正論』　40
弁法遷造像題記　60
『法苑珠林』　31
茅山玄靜先生広陵李君碑銘　153,158,164
『茅山志』　8,9,15,24,29,153,154,163-165
『抱朴子』　37,193
北岳真君叙聖兼再修廟記　59,60
北帝雷公法一巻　120,121
『本際経』　→『太玄真一本際経』

満籙の三五籙　66,68
『妙真経』　38,92,104,118
無終　103
无上真一霊宝昇玄妙経　180,187　→『昇玄経』
無上真人伝一巻　104
『無上秘要』　140,170-72,195,205
无上霊宝昇玄内経　180　→『昇玄経』
无上霊宝昇玄内経真一真経　187　→『昇玄経』
「盟威法師喪服儀」(『要修科儀戒律鈔』坐起鈔所引)　16,67,73-75,77-79,83,85,87-89,97
『滅惑論』　35,36

『要修科儀戒律鈔』　16,26,66,73,137,170,177,184,197,199,208
『陸先生道門科略』　204
龍興観道徳経碑額弁陰側題名　59
霊官七十五将軍籙　103
令僧尼無拝父母詔　3
霊宝院記　60
霊宝経　4,16,38,43,45,75,77-79,81,83,85,107,124-26,130,131,140,167,173,174,178,179,181-84,186,189,194,197,198,200,202,205,210,211
『霊宝経目序』　184
霊宝五符　17,83,94,100,105　→五法(事項索引)
霊宝五篇真文　182-184,186
霊宝昇玄洞経　180　→『昇玄経』
霊宝昇玄内教　180　→『昇玄経』
霊宝昇玄妙経　171,196　→『昇玄経』
霊宝洞玄无等等昇玄内教　180　→『昇玄経』
霊宝内教无上経　180　→『昇玄経』
霊宝自然券契　109
『老君音誦誡経』　203
老君西昇一巻　104
老君自然斎儀　128
老君自然朝儀注訣　128
老君伝授経戒儀注訣　128
老君道徳五千文尊経　58
老君六甲秘符　92,100
『老子』　39,46,129,171,196
老子経　30,32　→『老子道徳経』
『老子註』　208
『老子道徳経』　16,31-34,36,91,189,210
『老子道徳経義疏』　199
『老子道徳経序訣』　129
『老子妙真経』　→『妙真経』
六甲符　17,69,71,74,83-85　→五法(事項索引)

事項索引

（教義、神格、戒、法位、道観、地名等を含む）

ア　行

位階　5-7,14,16-25,27,29,32,33,54,56,66,67,73,87-90,98,99,109,112-14,116,119-121,123,124,127,128,155,158,170,172,175-80,185,196,197,203,205,209
　→**法位**
威儀師　53
一乗　76,77,190,195
王屋山　60,62,63,157

カ　行

戒
　観身大戒　109,142
　五戒　101,117
　五戒十善　195

　三戒・五戒　117
　三帰依戒　101
　三元百八十戒　78,103,109
　三品　70,150　→三品要戒
　三品要戒　108,115,141,150
　七十二戒　102
　十戒・十四持身品　26,91　→天尊十戒・十四持身品
　十二可従戒　27
　初真戒　101
　初真八十一戒　117
　想爾二十七戒　102

　太一百二十九戒　108
　大誡百八十律　69
　太清陰陽戒　102
　大盟三元百八十戒　109
　智慧観身三百大戒　103
　智慧上品大戒　78,103,109
　天尊十戒・十四持身品　27,102,127　→十戒・十四持身品
　洞淵神呪の契・籙・経・戒　108
　洞神三洞要言五戒十三戒七百二十戒門　102

　八戒　101
　百二十九戒　102
　百八十戒文　82
　百八十戒重律　102
　閉塞六情戒　78,102,109　→六情戒

　無上十戒　101

　老君百八十戒　83,91
　六情戒　27　→閉塞六情戒
外教　181-84,186
廻車畢道　115,150
外法　195
戒目（『伝授三洞経戒法籙略説』の法目）　27,78,101
葛氏道　4,8,9,43,99,125,126,191,192
華陽観　165
監斎　53
希玄観　163
帰大慧志　187
九光童子　172

給田　6,29-35,52,61
玉籙齋　45
居山女道士　123
居山道士　120,121
金華山　146
均田制　29
金籙斎　45
経師　17,26,29,107,113,135-52,156,161-64　→三師
元元（玄玄）皇帝　41
元始天尊　185
玄中大法師　186
黄巾　35,50,51
高玄（道徳）の経籙　115,150
高玄派　7,14,18,19,57,207　→太玄派
黄籙齋　45
鴻臚寺　52
五道　139
五徳　101
五斗米道　36,37,39,40,49,50,61,203
五服（緦麻・小功・大功・斉衰・斬衰）66,67,71-75,79,81,83,85,87-89,97
五保　141,143,167
五法（六甲符・禁山符・五嶽真形図・三皇経・霊宝五符）　17,25,35,73-75,77-79,82-85,87,89,98,100,105-07,109,112-14,123
五法の伝授　84,85
五欲　101

サ　行

斎戒　21,54
祭酒　20,39,50,117,203,206
斎醮　53,211
斎の儀礼　45
三会　41
三帰依　68
三元　40,41,49
三元節（上元節・中元節・下元節）40
三元日　41,42
三皇経籙　24
三皇斎法　30
三皇の経法　85,86
三皇派　7,14,18,24,57,86,207
三皇法目（『伝授三洞経戒法籙略説』の法目）　35,100,104
三師（度師・籍師・経師）　17,107,113,135-53,155-57,162,164
三師五保　141,143,167
三師説　149-151,157,163,164
三十六部尊経　4,5,44,159,186,210,211
三十六部尊経に基づく老子（大道）の教え　5,44
三証　143
三乗　76,178,190,195
斬衰　67,71,72,81,85,88,138　→五服
「三天」の思想　186,202
三天法師　86,202　→張道陵
三洞四輔　75-77,80,97,123,128,145,210,211
三洞十二部　4,43,186
三洞説　4,38,43,44,48,55,56,68,76,127,186,187,192,202
三洞の経法　81,83-86,124,125,149,154,155,158,159,163
三洞の真経　154,155　→上清経籙
『三洞奉道科誡儀範』の成立　128,129
三洞籙　46
三宝（道宝・経宝・師宝）　21,60,101,139,186
紫極宮　211
紫虚元君南嶽上真魏夫人　95

斉衰　67,70-72,79,87,138　→五服
至真観　59,60,212
自然　183,188,195
祠部　52
祠部郎中員外郎　5,6,46,47,52,53,55
四輔説（太玄部・太平部・太清部・正一部）　76,77,80,85,127,128,177-80,189,190,196,202,203
緦麻　67,68,72,87,138　→五服
子明　→豆子明
「釈教」　3,4,43
出官儀　20,23
出家道士　14,44,45,51,52,56,206
出家　6,102
授田　31,32,34
正一真人　186　→張道陵
正一の経籙　46,58,115,150
正一の法　59,162,163
正一派　7,14,18,19,144,207
正一部　18,76,77,79-81,97,105,107,124,130,142,144,145,158,189,190,210,211
正一部の経籙　16,18,24,80,109,112
正一部の治籙　58,89,123,130
正一法位　177,202
正一法位（『三洞奉道科誡儀範』法次儀）　16,23,27,79,85,90,96-100,106,115,128,140,172,196,197
正一法位（『受籙次第法信儀』）　109,112,113
正一法目（『伝授三洞経戒法籙略説』の法目）　77,103,130
正一盟威の治籙　178
正一盟威の道　73,127
昇玄の経法　115,150
昇玄派　7,19
昇玄部の経籙　58,107,109,144,158
小功　67,69,72,87,137,138　→五服
上座　53
小乗　76,77,190,194,195,
上章　23,37,39,40,45,58,68,211
丈人山　42
上清経籙　14,15,19,20-22,24,46,48,55,56-58,62,63,80,85,105,120,124,135,136,145,148-62,164-66
上清真君祠の設置　48
上清大洞真経目　94　→正一法位（『三洞奉道科誡儀範』法次儀）
上清の経法　82,85-87
上清派　4,7-9,14,15,18-24,33,43,55-57,86,99,125,126,130,135-37,156,159,161,166,179,180,193,202,207,208,210,213
上清派道教　47,48,57,159-61,207,208
上清派の系譜　9,15,57
上清派の道士の位階制度　20,21
上清派の道士の法位　20,99,179
浄明道　209
醮の儀式　45
女官の位階　121
徐來勒　188,189,191
真一　181-83,187,188
真一自然の道　183,187
新出老君　127
神呪派　19
神霄派　209
神仙家　36,37,39
神仙　36,92,193
神仙術　36,37
新天師道　47
崇虚館　134
崇玄観　165
崇玄署　52,53
嵩山　63
青城山　42
棲真堂　134
清微派　209

籙師　17,26,107,113,135－52,156,161-64　→三師
仙薬　45,46,211
宗正寺　52,53
僧尼の簿籍　52
喪服儀　69,73,74,79,83,85,87,88,97
喪服制度　66,75
存思法　211

タ　行

太極真人　→徐來勒
太玄都正一平気三天の師　127
泰玄都正一平気　68,127
太玄派　7,14,18,130,207-09　→高玄派
太玄部　18,76-80,89,98,105,107,124,128,130,140,145,198,210,211
太玄部の経籙　16,18,24,58,80,81,109,112,123,124,128-30,140,144,158
大功　67,70,72,87,137,138　→五服
太師　47,48
太上　36,58,191
大乗　76,77,188-90,194,195
太上の神文　109,142
太上大道　36,44
太上大道君　193,194
太上道君　185
大乗仏教　195,199
太上霊宝洞玄真一三天法師　186,187　→張道陵
太上老君　36,41,44,109,142
太清観　100,107,141,
太清部　76,77,80,98,105,124
大道　5,44
大同殿　154,
太平部　76,77,80,98,105,124
太保　47,48
男官・女官　68,81,90,96,102,108,121,203
中元　41
中乗　76,77,190
中盟　70,71,73-75,77-79,84,87,89,107
重玄　209
重玄派　7,14,19,57,207-09,213
治籙　58,67-69,73-75,77,80-82,85,87,89,106,138,139
泥丸　192,193,203
天師の称号　28,29,48,61,149,158,168
天書　204,205
天心派　209
天台山　48,115,146,148-50,189
田令　29-35,52,61
豆（＝竇）子明　191,192,
導引　158
洞淵部の経籙　58,107,109,144
「道家」　35-43,45,62
東華派　209
道観（道館）　5-7,14,15,24,34,42,51-56,62,107,142-44,206,211
「道教」　3-7,35,43-49,55-57,62,207-10,212,213
道元院　146
洞玄の法　115,150
洞玄派　7,14,18,207　→霊宝派
洞玄部　17,18,75-81,89,98,105,107,124,130,186,197,210,211
洞玄部の経籙　16-18,46,58,80,107,109,112,123,130,144,158
童子　103
道士・沙門　194
道士の名籍（簿籍）　52,53
洞神の法　115,150
洞神の経戒　108

洞神派　7,14,18,19,207　→三皇派
洞真部　17,18,48,55,75-81,89,98,100,105-07,123,124,142,144,145,150,154,159,161,186,210,211
洞真部の経籙　16-18,46,58,80,107,109,112,123,130,142,144,158
洞真法目（『伝授三洞経戒法籙略説』の法目）　104,105
洞神部　18,75-81,89,98,100,105,124,186,197,198,210,211
洞神部の経籙　16,18,46,58,80,100,107,109,112,123,130,144,158
道真　49,140
道正　70
道徳経目（『伝授三洞経戒法籙略説』の法目）　104,130
桐柏観　146
投龍簡　49,62,211
道流　7,9,125,126,130,187
度師　17,26,107,113,135-52,154-57,161,162,164　→三師
塗炭齋　45

ナ　行

内教　181-84,186
内行　183
内法　195,203
二十四治　90,91,96,106
二乗　195
如来　193,194
涅槃　193,203

ハ　行

白鹿洞　134
服餌　158
服食　38,45,211
「仏家」　38
仏教　3,5,6,34,35,38,40,41,43,44,50,192-94,199,203,212,213
仏国土　195
仏道論争　40,50,51,212
符図　211
符籙　16,26,36,45,70,71,100,101,109,138,158,211
辟穀　158
法位　7,16-20,22-29,32-35,54-56,59,60,68,87-90,96-100,109-14,116,120,121,123,124,127,129,140,142-44,150,170,172,176-80,196,197,202,203,212
　「河図」道士　114
　金鈕弟子　110
　係天師某治太上中気左右某気正一盟威弟子　110
　玄都正一盟威女弟子　122
　高玄女官　121,122
　高玄弟子　16,91,96,114,117,128　→高玄道士
　高玄道士　16,18,19,25,33,34,52,59,112-14
　高玄部道士（高上紫虚）　116,117,119
　高玄法師　16,54,88,89,98,114,118,123,175-77　→高玄道士
　黄赤弟子赤陽真人　90,96
　五千文籙弟子　102
　五篇霊宝法師　179　→霊宝五篇法師
　「五法」道士　114

　三景弟子　71
　三皇弟子　102
　三皇内景弟子　25,59,114　→洞神三皇内景弟子
　三皇内景法師　35

三洞講法師　88,89,175,177
三洞女官　121,122
三洞女道士　25
三洞真一道士　25,59
三洞弟子　25,26,59,60,68,81-83,89,114,141,163　→三洞道士
三洞道士　17-19,25,26,33,54-56,59,60,112,114
三洞部道士　116,119,120
三洞法主　60,63　→三洞法師
三洞法師　17,20,23,25-27,29,56,59,60,63,99,100,107,112-14,119,120,122,123,143,155,158,159,165,166,168,212　→三洞道士
三洞錬師　25,59　→三洞法師
十戒弟子　109
受河図法位（「河図を受くるの法位」）　17,111,112
受五符法位（「五符を受くるの法位」）　17,111,112
受七星籙（「七星籙を受く」）　110
受昇玄法位（「昇玄を受くるの法位」）　111,112
受洞玄法位（「洞玄を受くるの法位」）　111,112
受洞真法位（「洞真を受くるの法位」）　111-13
受洞神法位（「洞神を受くるの法位」）　110,112
受道徳法位（「道徳を受くるの法位」）　110,112
受都功版券（「都功版券を受く」）　110,112
受畢道法位（「畢道を受くるの法位」）　111,112
昇玄部道士　116,118
昇玄法師　92,97-99,114,123,170,172,175,176,195-97,199　→昇玄道士
上清玄都大洞三景弟子　→三洞道士　17,23,25,59,60,96-100,112
上清玄都大洞三景弟子・无上三洞法師　23,96-100
上清玄都大洞三景法師　59
上清三景弟子　60,114　→上清道士
上清三洞女弟子　122
上清三洞道士　25,59
上清女官　121,122
上清大洞三景女弟子　122
上清大洞三景女道士　25,60,63,122
上清大洞三景弟子　23,25,26,60,63,111,113,119,120
上清大洞三景弟子某嶽真人　111
上清大洞三景法師　26,60
上清大洞弟子　111,113
上清大洞法師　150,158
上清大洞法師（『昇玄経』）　177-79
上清弟子　25,59,111,113
上清弟子（「許長史旧館壇碑」）　24
上清道士　25,55,56,59,60,103,112,114
上清法師　112-14　→上清道士
女官清信弟子　26,27
神呪弟子　114　→神呪道士
神呪道士　17-19,33,34,112-14
神呪法師　114　→神呪道士
清信弟子　26-28,54,88,102,117,175
清真弟子（男）・清信弟子（女）　117
清信道士　27,54,88,98,109,123,175,176

太玄河図宝籙九官真人　17,111,114
太玄都太上三宝弟子　110
太玄部正一平気係天師陽平治太上中

気領二十四生気督察二十四治三五大都功正一盟威玄命真人　91,96
太上高玄女弟子　122
太上高玄法師　92,97,102,110,128
太上紫虚高玄弟子　117
太上正一盟威弟子係天師某治某気祭酒赤天三五歩綱元命真人　117
太上昇玄女弟子　122
太上初真弟子　117
太上弟子　92,97
太上洞神女弟子　122
太上洞神法師　117
太上霊宝昇玄内教弟子　118
太上霊宝洞玄女弟子　122
太上霊宝洞玄弟子　93,97,118
太上霊宝无上洞神弟子　17,111
大道女弟子　123
大洞女道士　25,60
大洞三景弟子　25,59,109,114,142
大洞三景弟子（『洞真太上太霄琅書』）　20,22,23,99
大洞三景法師　25,26,59,114
大洞弟子　17,68,89　→洞真道士
大道弟子　59,60
大洞道士　18,55,56,112,114　→洞真道士
大洞部道士　116,119,120
大洞法師　17,23,25,29,54,60,88,89,98,99,112-14,123,142,166,175-77,179　→洞真道士
大洞法師（『太真玉帝四極明科経』）　20-23,179,180
大洞法師（『太上洞玄霊宝授度儀』）　202
大洞〔法師〕錬師　60
男女官三洞弟子　68,81
智恵十戒弟子　117
中盟女官　121,122
中盟洞玄部道士　116,118,120
洞淵神呪九天法師　110,112
洞淵神呪大宗三昧法師　91,96,98,99,110,112,123
洞淵道士（三昧法師）　120,121
洞神女官　122
洞玄弟子　17,25,59,60,109,111,114　→洞玄道士
洞玄道士　17-19,25,33,54,59,112-14
洞玄法師　17,54,88,89,98,112,114,123,175-77,197　→洞玄道士
洞玄法師（東嶽夫人）　122
洞神三皇内景弟子　17,25,111
洞神女官　121,122
洞神太一金剛畢券弟子　110,112
洞真弟子　17,97,113,114　→洞真道士
洞神弟子　16,92,97,108,110,112,114　→洞神道士
洞真道士　17-19,25,33,55,56,112-114
洞神道士　16,18,19,25,33-35,52,55,59,60,112-14
洞真部道士　119,120
洞神部道士　116,117,119
洞真法師　17,23,25,29,54,88,89,94,98,112-14,120,123,166,175-77　→洞真道士
洞神法師　16,54,88,89,98,112,114,123,175-77,197　→洞神道士
道徳法師　88,89,98,123,175,177　→高玄法師

南生弟子　117

北帝太玄道士（上清北帝太玄弟子）　120,121,124
北斗七元真人　110

無上三洞法師　23,96-100,119,120,122,123
無上三洞法師（東嶽蒼霊元君）　123
無上三洞法師（東嶽蒼霊夫人）　122
無上洞玄法師　94,97,118
無上洞真法師　96,97,156
無上洞神法師　92,97
門下大都功　110,112

陽平治太上中気領二十四生気行正一盟威弟子元命真人　91,96

霊宝五篇法師　177,178,179,184
霊宝昇玄内教法師　111,112
霊宝弟子　111,114　→洞玄道士
霊宝法師　112,114　→洞玄道士
老子青絲金紐弟子　91,96
籙生　101,195,203
籙生弟子　110,116
法衣　88　→法服
茅山　9,24,55,56,60,62,131,153,158,160,164
茅山派　7,14,18,56,57,135,159,161,166,207,208　→上清派
茅山派道教　57,161,207,208　→上清派道教
法服　20,21,50,174,175,195,203
北帝神　121,124
北帝信仰　210
保証　135,136
本観　52
道（老子）　4,44,46,47
道の説いた教え　4,44,62
無極大道　186
無上洞玄真一法師　185,187　→張道陵
盟　78
滅度　193
遊散の宿治　106
陽平治　91

ラ　行

雷法　121,210
律師　53
龍虎山　115,149,150
霊宝経籙　19,24
霊宝初盟　78,79,84,103
霊宝大盟　70,71,78,79,85,103,138,139
霊宝中盟　78,79,85,93,103
霊宝中盟経目　79,85,93,140　→正一法位（『三洞奉道科誡儀範』法次儀）
霊宝の経法　82,85,86
霊宝の盟約（初盟・中盟・大盟）　78
霊宝派　7,14,18,19,24,55,56,86,125,126,130,207-09
霊宝法目（『伝授三洞経戒法籙略説』の法目）　104
練師　53
「老教」　3-5,44　→「道教」
老君　51,102,193
老君（法目）　73-75,77,78,87,89
老子　4,5,36,39,44,46,47,50,51,62,211
老子の説いた教え　4,44
老子廟　211
六明　143
廬山　134